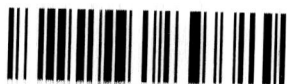

呂思勉手稿珍本叢刊

中國古代史札錄

24

四裔（南）二

四裔（北）一

呂思勉 著

上海古籍出版社

第二十四册目録

四裔（南）二

斷髮（舊志29 5下（新志222 3下））

文身 唐志197 8上 221上 9下（五代の二下

食人 舊唐の二 29上

斷髮文身

(宋書)97 上 9上

(魏書)58 1下

(梁書)54 2上 7上 14上 14下

(南史)78 2上 3上 4上 6下 (79)2上 7下

(魏書)102 3下 5上 6上 8下 9下 (103)7下

(周書)50 4下 5下

(隋書)(八二)1下 6下 (八三)1上 2上 (八三)5上

北史 (94)5下 9上 10下 11下 (95)9上 (97)

食人

(南齊書)41 1上

(魏書)101 10下

(北史)96 9下 (94)11上 (95)3下

(隋書)(八二)5下 6上 (八三)3下 (八三)4上 5上

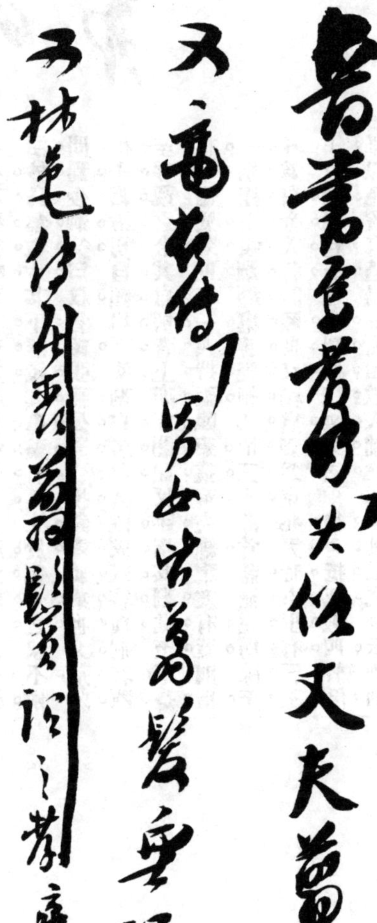

布の

刺花黨

辛盦

今之刺花古謂之劄酉陽雜俎載荊州貞元中市中有鷙劄者有印上簇針爲衆物狀如蟾蝎鳥獸隨人所欲以印之刷以石墨瘡愈後細於隨永印又蜀小將韋少卿韋表微堂兄也少不喜書嗜好劄青其叔父嘗令解衣視之胸上劄一樹樹杪鳥集數十其下懸鏡其鼻繫有人止於側牽之叔不解問焉少卿笑曰叔曾讀張燕公詩否挽鏡寒鴉集也又荊州街子葛清勇自頸以下遍劄白居易詩段成式嘗與荊客陳至呼觀之令其自解背上亦能闇記反手指其劄處至不是花中偏愛菊則有一人持盃臨菊叢黃夾纈窠寒有葉則指一樹樹上掛纈纈窠勝絕細凡劄三十餘首體無完膚陳至呼爲白舍人行詩圖也又楊虞卿爲京兆尹時市里有三王子力能揭巨石遍身圖劄體無完膚前後合抵死數四皆匿軍以免會有過楊令所由數人捕獲閉關杖殺之判云刺劄四肢口稱王子何須訊問便合當辜以上四則皆出段成式酉陽雜俎太平廣記采之入無賴類中以知毀膚文身自古皆不逞之徒自好者不爲江浙軍興以還刺花黨人游行街市輒遭逮捕亦其平日橫行有以致之也（却酬）

台灣日日

□男女刺墨　男子之刺墨。爲額與頤。女子爲額與兩頰。此蓋爲彼等之種族表現。且爲個人之象徵。凡男女均在幼年時。則刺於額際。男子成年。刺於頤。 女子成人後。刺於兩頰。刺額者。男女皆同一形狀。即於兩眉之正中。刺一短冊形紋爲普通。然在叟特茄種之番人。 亦有刺三條或五條。或作十字形者。女子刺頰。 自口邊以至耳際左右。 施術者恆爲專門技術之女子 受刺者。須於事後給以酬謝。 至刺墨之施術法。在施術之前夜。受刺者必須與施術者。同床合宿一宵。 翌日天未明時。於屋外築一小屋。四周圍以番布。屋中復以布舖敷地上。令受術者橫臥其上。術者即以小槌。輕叩其施術之小部分。迨面部血皆湧現後。即以瓶中之松煤滿塗之。而後施術。但施術非一日可能了事。須於一週以內。不得出此小屋一步。 在施術中。避食甘藷粟米等硬性食物。 祇進黍粥而

人性交者。則施術後必局部生膿、顏面糜爛。變成醜怪。故施術前嚴禁性交。 且施術者遇有此等事發生。必異常不悅。而更倍索其值。又女子在刺墨終了以後。夜中睡眠時。必須以頭部套入竹籠中 。 白晝亦終日以番布包其面部，不令人見。三四日後始可除去。至女子倘在施術前人。與

文字

周官著作時代考

9930

9931頁

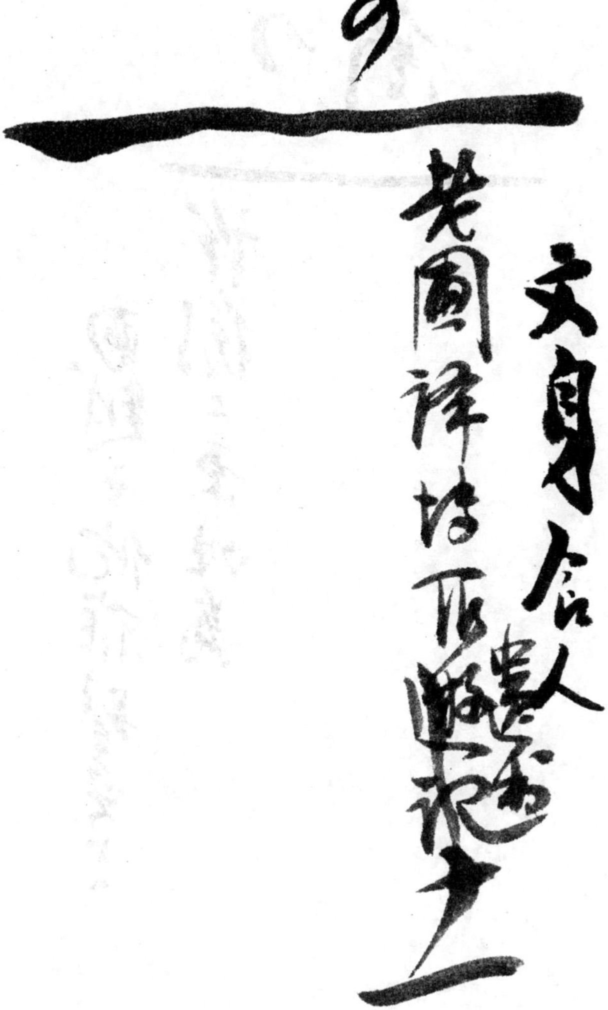

前乃

南越王佗椎髻箕坐

詐術二章性爲

石炎翁

廣陵三 九页凡廿落之首條 又28页

卷末

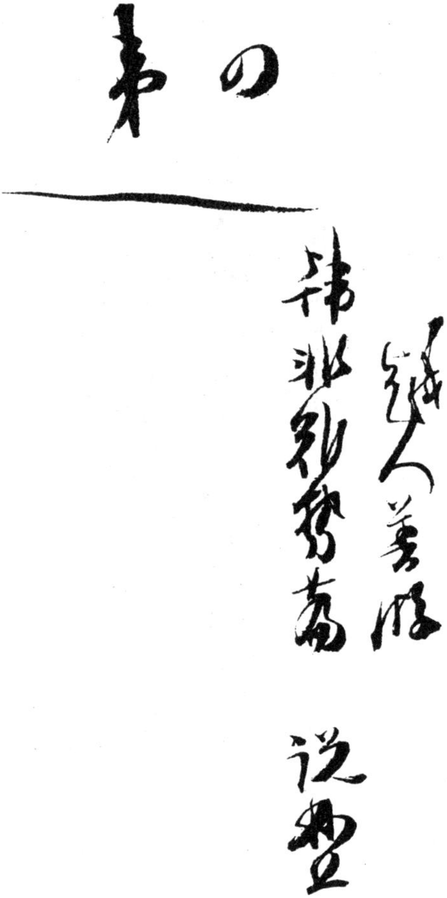

少康之子，實賓南海，【正義】吳越春秋云：啓使歲時祭禹於越，立宗廟南山之上，封少康庶子無餘於越，使祠禹。至勾踐遷都山陰，立禹廟爲始祖廟，越亡遂廢也。案：今禹廟在會稽山下。文身斷髮，黿鱓與處，【索隱】黿音元，鱓音善。既守封禺，【集解】徐廣曰：封禺山在武康縣南。奉禹之祀。句踐困彼，乃用種、蠡。嘉句踐夷蠻能修其德，滅彊吳以尊周室，作越王句踐世家第十一。

桓公之東，太史是庸。及侵周禾，王人是議。祭仲要盟，鄭久不昌。子產之仁，紹世稱賢。三晉侵伐，鄭納於韓。嘉厲公納惠王，作鄭世家第十二。

維驥騄耳，乃章造父。趙夙事獻，衰續厥緒。【正義】衰，楚危反。佐文尊王，卒爲晉輔。襄子困辱，乃禽智伯。主父生縛，餓死探爵。王遷辟淫，良將是斥。嘉鞅討周亂，作趙世家第十三。

畢萬爵魏，卜人知之。及絳戮干，戎翟和之。文侯慕義，子夏師之。惠王自矜，齊秦攻之。既疑信陵，諸侯罷之。卒亡大梁，王假廝之。嘉

越

者雖中國故臣願王圖之也使者以報王曰吾固聞叔之疾也我將自往請之王遂往之公子成家因自請之曰夫服者所以便用也禮者所以便事也聖人觀鄉而順宜因事而制禮所以利其民而厚其國也夫翦髮文身錯臂左衽索隱錯臂亦文身謂以丹青錯畫其臂孔衍作右臂左衽謂右袒其臂也甌越之民也索隱劉氏云今珠崖儋耳謂之甌人是有甌越正義按屬南越故言甌越也輿地志云交阯周時爲駱越秦時曰西甌文身斷髮避龍則西甌駱又在番吾之西南越及甌駱皆羋姓也世本云越羋姓也與楚同祖是也黑齒雕題集解劉逵曰以草染齒用白作黑鄭玄曰雕文謂刻其肌以青丹涅之卻冠秫絀集解徐廣曰戰國策作秫縫絀亦縫紩之別名也秫者綦鍼也古字多假借故作秫絀耳此蓋言其女功鍼縷之麤拙也又一本作鮭冠黎緤也大吳之國也故禮服莫同其便一也鄉異而用變事異而禮易是以聖人果可以利其

乾隆四年校刊　史記卷四十三　趙世家　五

國不一其用果可以便其事不同其禮儒者一師而俗異中國同禮而教離況於山谷之便乎故去就之變智者不能一遠近之服賢聖不能同窮鄉多異曲學多辨不知而不疑異於己而不非者公焉而

越

越之示髮鬢 我左袒為推結
說英吉說除之說吾至是 又未傳喻吾越
傳語譯者 譯越歌
又寫越歌矣

勹言(?)

先人洨(?)齋而適(?)識(?)，向子趙(?)，趙(?)人[illegible]

髮(?)文示年用

華(?)古墨述(?)[illegible]蕃(?)

趙(?)國之人，猶皆而禄(?)

引子何內(?)

利の

昭今洋务趋人要当中国数百一
三苗髮 為人括錢 中國猶存載入[illegible]
莉器文章
明殿匈奴縱戰換髮
作南星密使瓜大夫

哀四

郎反含戶暗反本又作唅公孫揮命其徒曰人尋約吳髮短約繩也八尺爲尋吳髮短欲以繩貫其首○揮許韋反東郭書曰三戰必死於此三矣三戰夷儀五氏與今使問弦多以琴弦多齊人也六年奔魯問遺也○遺唯季反疏使問弦多以琴○正義曰遺以物遺人謂之問二十六年衛出公使以弓問子贛論語云問人於他

哀十一

哀十二

揚焉（播揚猶勞動也。焉於虔反播彼我反又波賀反注同）王弗聽吳子怒冬十二月吳子執鍾吳子遂伐徐防山以水之（防壅山水以灌徐。壅於勇反灌古亂反）己卯滅徐徐子章禹斷其髮（斷髮自刑示懼。斷丁管反注同）攜其夫人以逆吳子吳子唁而送之使其邇臣從之遂奔楚（邇近也）楚沈尹戌帥師救徐弗及遂城夷使徐子處之（夷城父也）吳

昭卅

吳祝髮文身

〕夏許男成卒○公會晉侯及吳子于黃池及者書尊及卑也黃池宋地 疏 注及者至卑也○釋曰隱二年傳云會者外爲主焉爾今言公會晉侯則晉爲主於黃池而公往會之既以晉侯爲主會無二尊故言及以卑吳也則與桓二年范注云會盟言及別內外也尊卑言及序上下也亦同何者外吳而尊晉别内外序上下也 黃池之會吳子進乎哉遂子矣進遂稱子 吳夷狄之國也祝髮文身祝斷也文身刻畫其身以爲文也必自殘毀者以辟蛟龍之害○祝之六反斷音短辟音避蛟音交 疏 注文身至之害○釋曰荆楊之域厥土塗泥人多游泳故刻畫其身以爲蛟龍之文與之同類以辟其害 欲因魯之禮因晉之權而請冠端而襲襲衣冠端玄端 疏 欲因魯至而襲○釋曰魯是守文之國禮儀之鄉晉執中國之權爲諸侯盟主故吳子欲因之而冠必欲因之者以鄭伯髡原欲從中國而被殺于鄭吳子亦恐臣子不肯變從故因魯之禮因晉之權然後羣臣鄉化以魯禮天下共依晉權諸侯所服故也是以明堂謠魯云天下以爲有道之國天下貴禮樂爲是也云請冠端而襲者請者玄冠玄端而相襲○注襲衣冠端玄端○釋曰吳俗祝髮文身衣皮卉服不能衣冠相襲今請加冠于首身服玄端則衣冠上下共相掩襲故云襲衣也詩云其軍三單彼毛傳云三單相襲彼謂三單前後爲相襲則此衣冠上下亦爲相襲也玄端者謂玄端衣而端幅制之即諸侯視朝之服也謂諸侯視朝之服緇布衣素積委緇玄一也 其藉于成周藉謂貢獻 疏 注藉謂貢獻○釋云貢謂土地所有以獻于成周若禹貢齒革羽毛納錫大龜惟金三品之類著於藉錄以爲常職故知藉謂貢獻也 以尊天王吳進矣吳東方之大國也累累致小國以會諸侯以合乎中國累累猶數數也○累累如字數所角反 疏 注累累猶數數○釋云東方之國吳爲最大吳率小國必從會吳于柤于道于繒于黃池之類積其善事故言數○數致小國以合乎中國也 吳能爲之則不臣乎言其臣也 吳進矣王尊稱也子卑稱也辭尊稱而居卑稱以會乎諸侯以尊天王吳王夫差曰好冠來孔子曰大矣哉夫差未能言冠而欲冠也不知冠有差等唯欲好冠○尊稱尺證反下同夫差音扶下初佳反 疏 王尊稱也子卑稱也○釋曰自黃池前吳常僭號稱王是其尊稱今去僭號而稱子是其卑稱也○注不知冠而差等○釋曰冕有旒數不同則冠亦有差等之別吳爲子爵其冠之飾必不得與公侯同等但未知若爲差等爾○楚公子申帥師伐陳○於越入吳○秋公至自會吳進稱子又會晉侯故致也 疏 注吳進至致也○釋曰襄十年傳曰會夷狄不致致會者一以吳進稱子二又爲公會晉侯以此二事之故致之爾○晉魏曼多帥師侵衞

爲の

大伯端委以治周禮仲雍嗣之斷髮文身臝以爲飾豈禮也哉有由然也大伯周大王之長子仲雍大伯弟也大伯仲雍讓其弟季歷俱適荆蠻遂有民衆大伯卒無子仲雍嗣立不能行禮致化故效吳俗言其權時制宜以辟災害非以爲禮也端委禮衣也○共音恭大伯音泰注同斷丁管反臝本又作倮力果反效戶孝反疏注大伯至衣也○正義曰吳世家云大伯及仲雍皆周大王之子而王季歷之兄也季歷賢而有聖子昌大王欲立季歷以及昌於是大伯仲雍二人乃奔荆蠻文身斷髮示不可用大伯之奔荆蠻自號句吳荆蠻義之從而歸之千餘家立爲吳大伯大伯卒無子弟仲雍立是說大伯仲雍適吳之由也魯人不堪吳責故舉吳之上祖以許之二人同時適吳而大伯端委仲雍斷髮者大伯初往未爲彼君故服其本服自治周禮及仲雍民歸稍多既爲彼君宜從彼俗曲禮云君子行禮不求變俗仲雍爲彼人主不能用周人之禮致中國之化故文身斷髮放效吳俗言其權時制宜以辟災害非以爲禮也漢書地理志云越人文身斷髮以辟蛟龍之害應劭曰常在水中故斷其髮文其身以象龍子故不見傷害杜言辟害辟此蛟龍之害大伯之時未有周禮言治周禮者謂治其本國岐周之禮非周公所制禮也臝以爲飾者臝其身體以文身爲飾也端委禮衣者王肅云委貌之冠玄端之衣也此傳言大伯端委仲雍斷髮史記云二人皆文身斷髮然則文身斷髮自辟害耳史記以爲示不可用二人亡去遠適荆蠻則周人不知

哀七

其處何以須示不可用如皆爲愚繆耳

言第九

の字

「昔者越王句踐剪髮文身以治其國
其國治」
墨子公孟
朱筆
另以南史處 但認說文字便查

六〇

禹之裸國裸入衣出

呂覽貴因

從目……

任數

手越

佛徒于某某

裔

吳太伯，太伯弟仲雍，皆周太王之子，而王季歷之兄也。季歷賢，而有聖子昌，太王欲立季歷以及昌，於是太伯、仲雍二人乃奔荊蠻，文身斷髮，示不可用，以避季歷。季歷果立，是為王季，而昌為文王。太伯之奔荊蠻，自號句吳。荊蠻義之，從而歸之千餘家，立為吳太伯。

太伯卒，無子，弟仲雍立，是為吳仲雍。仲雍卒，子季簡立。季簡卒，子叔達立。叔達卒，子周章立。是時周武王克殷，求太伯、仲雍之後，得周章。周章已君吳，因而封之。乃封周章弟虞仲於周之北故夏虛，是為虞仲，列為諸侯。

周章卒，子熊遂立，熊遂卒，子柯相立。柯相卒，子彊鳩夷立。彊鳩夷卒，子餘橋疑吾立。餘橋疑吾卒，子柯盧立。柯盧卒，子周繇立。周繇卒，子屈羽立。屈羽卒，子夷吾立。夷吾卒，子禽處立。禽處卒，子轉立。轉卒，子頗高立。頗高卒，子句卑立。是時晉獻公滅

齊の

晉趙氏【正義】左傳云仲尼曰趙氏其世有亂乎杜預云受亂人故十年定公與齊景公會於夾谷孔子行相事齊欲襲魯君孔子以禮歷階誅齊淫樂齊侯懼乃止歸魯侵地而謝過十二年使仲由毀三桓城【集解】服虔曰仲由子路收其甲兵孟氏不肯墮城【集解】杜預曰墮毀伐之不克而止季桓子受齊女樂孔子去【集解】孔安國曰桓子使定公受齊女樂君臣相與觀之廢朝禮三日十五年定公卒子將立是爲哀公【索隱】系本將亦作蔣哀公五年齊景公卒六年齊田乞弒其君孺子七年吳王夫差彊伐齊至繒徵百牢於魯季康子使子貢說吳王及太宰嚭以禮詘之吳王曰我文身不足責禮乃止八年吳爲鄒伐魯至城下盟而去齊伐我取三邑十年伐齊南邊十二年齊伐魯季氏用

史記魯周公世家

⊙ 序

先君所用書紀　長大人所藏仲如是别言未之歷以傳

吕翼仁之女劉山字五月斷髮以隨書尾

距法不爲發師古曰以法距之爲無符驗也助迺斬一司馬諭意指師古曰以天子意指曉告之遂發兵浮海救東甌未至閩越引兵[illegible]
興兵擊南越南越守天子約不敢擅發兵而上書以聞上多其義師古曰多猶重也大爲發興遣兩將軍將兵誅閩越淮南王安上
書諫曰陛下臨天下布德施惠緩刑罰薄賦歛哀鰥寡恤孤獨養耆老振匱乏盛德上隆和澤下洽近者親附遠者懷德天
下攝然孟康曰攝安也音奴協反人安其生自以沒身不見兵革今聞有司舉兵將以誅越臣安竊爲陛下重之師古曰重難也越方外之地劗
髮文身之民也晉灼曰淮南云越人劗髮張揖以爲古翦字也師古曰劗與翦同張說是也不可以冠帶之國法度理也自三代之盛胡越不與受正朔師古曰與讀曰

越

「夏禹倮入吳國，太伯採藥，斷髮文身；唐虞國界，吳為荒服，越在九夷，罽衣關頭，今皆夏服，褒衣履舄。巴、蜀、越嶲、鬱林、日南、遼東、樂浪，周時被髮椎髻，今戴皮弁；周時重譯，今吟詩書。」

論衡恢國篇

又見論衡第二條

太伯敬吳荊蠻况弟隨從其後與之俱緣也……

蘇武入匈奴終不去祖趙佗入南越算張

椎結

詩翔乃讀去蕃

弟の

漢書揚雄傳乃使文身之技水格
鱗蟲 注服虔曰文身越人也
能入水取物

漢書高帝紀諸侯伐秦亡諸身帥
閩中兵以佐滅秦應劭曰音無餘
之文
勉東越閩以文爲名

元鼎五年

[illegible]甲三日也。夏四月，南越王相呂嘉反，殺漢使者及其王王太后。赦天下。丁丑晦，日有蝕之。秋，鼃蝦蟇鬬。師古曰：鼃，黽也，似蝦蟇而長腳，其色青。鼃音下媧反。蝦音遐。蟇音麻。黽音莫幸反。遣伏波將軍路博德出桂陽，下湟水；樓船將軍楊僕出豫章，下湞水；[illegible]歸義越侯嚴為戈船將軍，出零陵，下離水；[illegible]戈者，顏北人不知行船，故信張說，子謂贊說是。○宋祁曰：戈船將軍當時所建之官，如驃騎、虎牙之類是也。戈船今有之，設干戈於船上以禦敵也。甲為下瀨將軍，下蒼梧。服虔曰：甲，故越人歸漢者也。臣瓚曰：瀨，湍也。吳越謂之瀨，中國謂之磧。伍子胥書有下瀨船。師古曰：瀨音賴。○宋祁曰：注文吳越，越字本作吳楚。皆將罪人，江淮以南樓船十萬人。越馳義侯遺應劭曰：亦越人也。別將巴蜀罪人，發夜郎兵，下牂柯江，咸會番禺。如淳曰：音潘愚。臣瓚曰：番禺，南海郡所都。師古曰：即今之廣州。○宋祁曰：別本改禺作愚。九月，列侯坐獻黃金酎祭宗廟不如法奪爵者百六人，丞相趙周下獄死。

元鼎六

行東，將幸緱氏，師古曰：緱氏，河南縣也。[illegible]至左邑桐鄉，師古曰：左邑，河東之縣也。桐鄉，其鄉名也。聞南越破，以為聞喜縣。春，至汲新中鄉，師古曰：汲，河內之縣。新中，其鄉名。得呂嘉首，以為獲嘉縣。馳義侯遺兵未及下，上便令征西南夷，平之。師古曰：便音頻面反。遂定越地，以為南海、蒼梧、鬱林、合浦、交阯、九真、日南、珠厓、儋耳郡。應劭曰：二郡在大海中崖岸之邊。出真珠，故曰珠厓。儋耳者，種大耳。[illegible]耳尤緩，下肩三寸。張晏曰：異物志二郡在海中，東西千里，南北五百里。珠厓言珠若崖矣。儋耳之云，鏤其頰皮，上連耳匡，分為數支，狀似雞腸，累耳下垂。臣瓚曰：茂陵書珠崖郡治瞫都，去長安七千三百一十四里。儋耳去長安七千三百六十八里，領縣五。師古曰：儋音丁甘反。字本作瞻。瞫音審。定西南夷，以為武都、牂柯、越巂、沈黎、文山郡。應劭曰：[illegible]孟康曰：巂音髓。[illegible]臣瓚曰：茂陵書沈黎治笮都，去長安三千三百三十五里，領縣二十一。應劭曰：文山，今蜀郡岷山，本冉駹是也。秋，東越王餘善反，攻殺漢將吏。遣橫海將軍韓說、中尉王溫舒出會稽，師古曰：說讀曰悅。樓船將軍楊僕出豫章，擊之。

元封元

東越殺王餘善降。詔曰：東越險阻反覆，為後世患，遷其民於江淮間，遂虛其地。春正月，行幸緱氏。詔曰：朕用事華山，至于中嶽，文穎曰：嵩高也，在潁川陽城縣。獲駮麃，見夏后啟母石。應劭曰：啟生而母化[illegible]

元封二年 又遣將軍郭昌、中郎將衛廣發巴蜀兵平西南夷未服者，以為益州郡

第一回

以人肉為葅醢

[illegible]以人肉為
葅醢[illegible]之[illegible]也

雕題[illegible]食人之俎

長股
習入海捕魚
山海經 六、五 七、六、八
又十五、又多、法孔引

又十一、五五、民人國

雕題

山海經十二之八

叢脞一 叢記

山海經六、三月

第四

太伯吳芮封發

史記同左氏長沙王本傳々々吳芮封發

律下刀方令正 南鬱郡 桂国 正西郡耳 雕題

东作慮

山海經十一頁 桂林八樹 二頁 伯慮国

方正巫狗国

又十二三頁

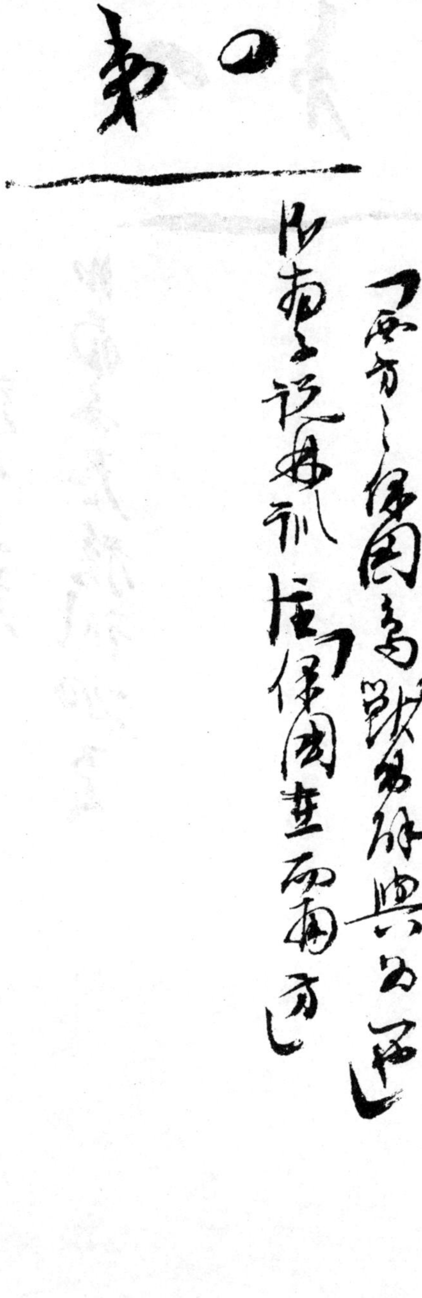

戰國以前

如兩周春秋列國之史

第四

乃詐稱公子扶蘇項燕從民欲也袒右稱大楚爲壇而盟祭

乾隆四年校刊

史記卷四十八 陳涉世家

二十五

以尉首

越

昭七

○楚子享公于新臺章華臺也使長鬣者相鬣鬚也欲光夸魯侯○鬣力輒反相息亮反鬚音須夸苦華反疏使長鬣者相○正義曰吳楚之人少鬚故選長鬣者相禮也好以大屈宴好之賜大屈弓名○好呼報反注同屈居勿反大屈弓名服同又云大曲也賈云寶金可以爲劍出大屈也疏注大屈弓名○正義曰賈逵云大屈寶金可以爲劍大屈金所生地名服虔云一曰大屈弓名魯連書曰楚子享魯侯於章華之臺與大曲之弓既而悔之蔿啟彊見魯侯魯侯歸之大屈即大曲也既而悔之薳啟彊聞之見公公語之拜賀公曰何賀對曰齊與晉越欲此久矣寡君無適與也而傳諸君君其備禦三鄰言齊晉越將伐魯而取之○見賢遍反語魚據反適丁歷反傳直專反慎守寶矣敢不賀乎公懼乃反之傳言楚靈不信所以不終

刀 言

~~南用人被髮而裸~~

越东食長子

列子湯問篇

中國葬安越人棄骨

同上

劉子曰美哉禹功見河雒而思禹功明德遠矣微禹吾其魚乎吾與子弁冕端委以治民臨諸侯禹之力也弁冕冠也端委禮衣言今得共服冠冕有國家者皆由禹之力○弁冕本亦作弁端委疏注弁冕至之力○正義曰冠者首服之摠名弁冕冠中之小別弁冕是首服端委是身服言弁冕端委摠舉冠衣而言非謂定公趙孟身所自衣也哀七年傳云大伯端委以治周禮仲雍嗣之斷髮文身以文身從彼之俗知端委是依禮之衣杜直言端委禮衣不知是何衣也名曰端委又無所說周禮司服於士服之下云其齊服有玄端素端鄭玄云謂之端者取其正也謂士之衣袂皆二尺二寸而屬幅是廣袤等也其袪尺二寸大夫以上侈之侈之者蓋半而益一焉半而益一則其袂三尺三寸袪尺八寸如鄭此言唯士服當端制大夫以上不復端也服虔云禮衣端正無殺故曰端文德之衣尚褒長故曰委案論語鄉黨非帷裳必殺之鄭康成云帷裳謂朝祭之服其制正幅如帷非帷裳者謂深衣削其幅縫齊倍要禮記深衣制短不見膚長不被土然則朝祭之服當曳地服言是也子盍亦遠績禹功而大庇民乎勸趙孟使纂禹功○子盍戶臘反何不也亦遠績禹功本或作亦遠績功庇必利反

昭元

四裔（南）二　札十

裔の

卒執事異故文異耳鄫子不及曹南而至於邾國蓋宋公知其在邾故使邾子執之

已酉邾人執鄫子用之

稱人以執宋以罪及民告也鄫雖失大國會盟之信然宋用之爲罰已虐故直書用之言若用畜產也不書社赴不及也不書宋使邾而以邾自用爲文南面之君善惡自專不得託之於他命○畜許又反

疏注稱人至他命○正義曰昭十一年楚執蔡世子友用之與此執鄫子用之皆惡其無道直書用之言其若用畜牲所以惡楚宋也惡宋而以邾自用爲文者南面之君善惡自專不得託之他命事實惡宋亦所以惡邾也傳稱用之于社而經不書于社故云赴不及也劉炫規過云執蔡世子友用之不言岡山此何須云于社今刪定知不然者以莊二十五年鼓用牲于社今鄫子既同畜牲而用當云邾人用鄫子于社今不云于社故知赴不及刪昭十一年執蔡世子友用之亦赴不及也

○秋宋人圍曹衞人伐邢

伐邢在圍曹前經書在後從赴○

稱人以執

傳丸

の齊

〇夏六月宋公曹人邾人

傳先

盟于曹南曹南曹之南鄙繒子會盟于邾己酉邾人執繒子用之微國之君因邾以求與之盟與豫也。○與，音豫注及下文同

疏會盟于邾。○釋曰言會盟于邾者繒是微國欲因邾以求盟故云會盟也

人因已以求與之盟已迎而執之惡之故謹而日之也用之者叩其鼻以衈社也衈者釁也取鼻血以釁祭社器。○惡烏路反下惡其長同叩音口衈音二

疏故謹至社也。○釋曰此與昭公十一年冬十有一月丁酉楚師

齊晉

滅蔡執蔡世子友以歸用之皆惡其用人故不據國之大小同書曰以見惡也叩其鼻者論語云以杖叩其脛則叩謂擊也〇秋宋人圍曹〇衛人伐邢〇冬會陳人蔡人楚人鄭人盟于齊會無主名內卑者也四國稱人外卑者也杜預曰地於齊齊亦與盟

四裔（南）二 札十

四裔

用人于叩其鼻以血社

晉人執虞公之類是也今此書月者録責之也○夏六月宋人曹人邾婁人盟于曹南因本會于曹南盟故以地賓邾婁說在下疏注因本至在下解云言此盟之
前相與于曹南矣其實此盟在邾婁故言實邾婁矣鄫子會于邾婁其言會盟何據言諸侯會盟不録及曹伯襄言會諸侯疏注据外至會諸侯○解云舊本皆無及字言外諸侯
會盟不録者正以竟春秋上下無外諸侯會盟之文若存及宜下句讀之後會也說與會伐宋同義君不會大夫刺後會者起賓君也地以邾婁者起爲邾婁專也不言君者爲襄公諱也魯本許嫁季姬於邾婁季姬淫泆使鄫子
請已而許之二國交忿襄公爲此盟欲和解之既在會間反爲邾婁所欺執用鄫子恥辱加於宋無異故没襄公使若微者也不於上地以邾婁者深爲襄公諱使若不爲邾婁事盟而鄫子自就邾婁爲所執者也上盟不日者深順諱文從微
者例使若下執不以上盟爲辨也會盟不日者言會盟不信已明無取於日自其正文也疏注說與會伐宋同義解云即莊十四年春齊人陳人曹人伐宋夏單伯會伐宋傳云其言會伐宋何後會也彼注云本期而後故但舉會書者
刺其不信○注君不會大夫○解云案莊九年春公及齊大夫盟于暨傳云公曷爲與大夫盟齊無君也然則何以不名
爲其諱與大夫盟也使若衆然又莊二十二年秋及齊高傒盟于防傳云曷爲不言公諱與大夫盟也皆是君不會大夫
之辭○注起賓君也○解云言起上宋人曹人之屬實是宋公曹伯耳○注地以邾婁○解云正以二十八年夏公會晉
侯以下盟于踐土陳侯如會傳云其言如會何後會也然則彼言陳侯如會此亦宜言鄫子如會而言于邾婁起爲邾婁
事也○注不言君者○解云上曹南之盟不言宋公等是也○注季姬淫泆至微者也○解云即上十四年夏六月季姬
及鄫子遇于防使鄫子來朝傳云鄫子曷爲使乎季姬來朝內辭也非使外朝使來請已也○注不於上至執者也○解
云上經云盟于曹南者實是盟于邾婁故以此解之所以不於上經地以邾婁者深爲襄公諱使若不爲邾婁事盟而鄫
子自就邾婁所見執者也○注上盟不至日者○解云春秋上下微者之盟例皆書時而下文冬會陳人蔡人楚人鄭人
盟于齊之屬是今此乃以不日爲微者例者正以宋襄賢君雖使微者有可采取故宜書月隱元年注云微者盟例時不
能專正故責略之此月者隱公賢君雖使微者有可采取故録也是也○注會盟至正文也○解云正以春秋之例不信

者日故也言自其正文也者謂既言會盟即是不信之正文不勞書日以見己酉邾婁人執鄫子用之惡乎用之用之社也其用之社奈
何蓋叩其鼻以血社也惡無道也不言社者本無用人之道言用之已重矣故絕其所用處也日者魯不能防正其女以至於此明當痛其女禍而自責之○惡乎音烏惡無烏路反用處昌慮反疏
注日者魯至自責之○解云正以凡執例時即上四年夏齊人執陳袁濤塗之屬是也今日故解之○秋宋人圍曹○衛人伐邢○冬公會陳人蔡人楚

僖十九

力
未

四鼻血社
華陀先 此爲類及事之法蒼合 類達
云穰秘用 此亦穰其人也。
春官天府 嘅家寶鎮及寶器
說文 嘅家空盤也 嘅家字在嘅禁中

218

傳十九年春遂城而居之（承前年傳取新里故不復言秦也爲此冬梁亡傳○復扶又反）○宋人執滕宣公○夏宋公使邾文公用鄫子于次睢之社欲以屬東夷（睢水受汴東經陳留梁譙沛彭城縣入泗此水次有妖神東夷皆社祠之蓋殺人而用祭○睢音雖屬朱欲反譙在消反沛音貝泗音四祠音辭或音祀）疏 傳欲以屬東夷○正義曰屬訓聚也殺鄫子以懼東夷使東夷聚來歸己也齊桓以德屬諸侯諸侯聚歸齊桓○注睢水至用祭○正義曰釋例曰汴水自滎陽受河睢水受汴東經陳留梁國譙郡沛國至彭城縣入泗凡水首從水出謂之受流歸他水謂之入漢書之例爲然言汴從河出睢從汴出也次謂水旁也下云用諸淫昏之鬼則此祀不在祀典故云此水次有妖神妖神而謂之社傳言以屬東夷則此是東夷之神故言東夷皆社祠之劉炫云案昭十年季平子伐莒獻俘始用人於亳社彼亳社舊不用人社何以知此社殺人而用祭乎今知不然者彼傳云始用人於亳社故知舊來不用此云使邾文公用鄫子于次睢之社既不言始明知舊俗用之劉取彼而規杜過非也　司馬子魚曰古者六畜不相爲用（司馬子魚公子目夷也六畜不相爲用謂若祭馬先不用馬○畜許又反注同爲于僞反下爲人同又如字注放此）疏 司馬至用馬○正義曰爾雅釋畜馬牛羊豕犬雞謂之六畜周禮謂之六牲養之曰畜用之曰牲其實一物也此云六畜不相爲用昭十一年傳曰五牲不相爲用彼注不云馬而以其餘當之明其俱爲祭祀所用彼此同也周禮校人春祭馬祖鄭玄云馬祖天駟也孝經說曰房爲龍馬六畜之言先祖者唯此一文而已以外牛羊之等其祖不知爲何神也謂若祭馬先不用馬略舉一隅據有文者言之耳沈氏云春秋說天苑主牛又有天雞天狗天豕以馬祖類之此等各有其祖　小事不用大牲 疏 小事不用大牲○正義曰雜記言釁廟用羊門夾室皆用雞隱十一年傳稱鄭伯之詛使卒出豭行出犬雞如此之類皆是不用大牲也　而況敢用人乎祭祀以爲人也民神之主也用人其誰饗之齊桓公存三亡國以屬諸侯（三亡國魯衛邢）疏 注三亡國魯衛邢○正義曰齊語云魯有夫人慶父之亂二君弒死國絕無嗣桓公使高子存之狄人攻邢桓公築夷儀以封之狄人攻衛衛人出廬于曹桓公城楚丘以封之是也衛則狄滅之矣魯邢不滅而言亡者美大齊桓之功耳　義士猶曰薄德（謂欲因亂取魯緩救邢衛）今一會而虐二國之君（宋公三月以會名諸侯執滕子六月而會盟其月二十二日執鄫子故云一會而虐二國之君）又用諸淫昏之鬼（非周社故）將以求霸不亦難乎得死爲幸（恐其亡國）

殺人而祭

用人

○冬十有一月丁酉楚師滅蔡執蔡世子有以歸用之此未踰年

公昭十一

之君也其稱世子何據陳子也疏注據陳子也○解云即僖二十八年冬公會晉侯齊侯宋公蔡侯鄭伯陳子以下于溫是也不君靈公不成其子也靈公即般也不君未與靈公坐弒父誅不得爲君也不成其子不成有得稱子繼父也上不與楚誘討嫌有不當絕故正之云耳疏不君至子也○解云靈公弒父而立弒父之人人倫所不容今而見誅正是其宜是以春秋不與靈公爲君也故曰不君靈公也莊三十二年傳云君存稱世子君薨稱子某既葬稱子踰年稱公然則稱子者嗣君之稱春秋之義既不與靈公得爲成君故亦不成其子有得爲嗣君以繼其父故不成其子也云靈公坐弒父誅者即襄三十年夏四月蔡世子般弒其君固上四月楚子虔誘蔡侯般殺之于申是也云上不與楚誘討者即上傳云曷爲絕之爲其誘討也此討賊也雖誘之則曷爲絕之懷惡而討不義故君子不與是不君靈公則曷爲不成其子據惡惡止其身誅君之子不立雖不與楚誘討其惡坐弒父誅當以誅君論之故云爾言執者時楚託義滅之疏注當以至云爾○解云若不君靈公而以誅君論之何故上四年申之會及伐吳之經上文楚子誘殺之時皆稱其爵者凡貶刺之例正可於一事之上足見其惡而已寧可文文皆貶似若莊四年冬公及齊人狩于郜傳云前此者有事矣後此者有事矣則曷爲獨於此譏擇其重者而譏焉莫重乎其與讎狩也其餘從同是也○注言執至滅之○解云春秋之義舉滅國以爲重其餘輕者皆從略是以襄六年注云不書殺萊君者舉滅國爲重是今并書其執者正以楚人託義滅之故見其義也似若上八年注云不舉滅爲重復書三事言執者疾讒託義故列見之是也楚既託義執用蔡之世子以滅其國當先書其餘似若宣十一年冬十月楚人殺陳夏徵舒丁亥楚子入陳然今乃先書滅蔡者起其本懷滅心故也是以八年注云託義不先書者本懷滅心故是也非怒也無繼也公誅子當絕疏非怒也無繼也○解云莊四年傳云今紀無罪此非怒與何氏云怒遷怒齊人語此非怒其先祖遷之于子孫與然則齊人謂遷怒爲怒也言今不成有爲子者非由惡其父遷怒其子孫但由靈公大逆理無繼嗣矣是以注父誅子當絕也其非字有作悲字者誤也惡乎用之用之防也其用之防奈何蓋以築防也持其足以頭築防惡不以道孔子曰人而不仁疾之已甚亂也日者疾讒滅人○惡乎音烏惡不烏路反疏注日者疾讒滅人○解云正以凡滅例月即莊十年冬十月齊師滅譚上四年秋七月遂滅厲之屬是也今而書日者疾詐讒故也

商の

用人

大何反愁魚斬反又五轄反○九月已亥葬我小君齊歸齊諡○冬十有一月丁酉楚師滅蔡執蔡世子友以歸用之僖十九年邾人執繒子用之傳曰用之者叩其鼻以衈血惡之故謹而日之○叩音口衈音二惡烏路反下文及注同疏注故謹而日之○釋曰傳例滅中國日則此書日爲滅而云惡用蔡世子友故謹而日之者滅國書日傳例以明用人書日其文未顯注嫌用之不得蒙日故特言之其實二者皆當日又檢經上下執例日則書日爲惡故云謹而日之也左氏以爲用之殺蔡世子祭岡山公羊以爲用之築城今范引僖十九年傳則用之祭社也○此子也諸侯在喪稱子其曰世子何也不與楚殺也一事注乎志所以惡楚子也一事輒注而志之也何休曰即不與楚殺當貶楚爾何故反貶蔡稱世子邪鄭君釋之曰滅蔡者楚子也而稱師固已貶矣楚子惡啓封疆而貪蔡誘殺蔡侯般冬而滅蔡殺友惡其淫放其志殺○國二君以取其國故變子言世子使若不得其君終疏此子至子也○釋曰世子父没仍得稱世子母弟兄死而不得稱弟者世子繼體之名父雖没若意有所見則亦得稱之母弟者對兄没則寵名棄矣故不得稱弟○注滅蔡者楚子○釋曰經稱公子棄疾帥師圍蔡鄭知是楚子者以棄疾若貶當云楚人今貶而稱師故知楚子也又傳云惡楚子也明非棄疾然則惡楚子變文云世子者以楚四年之中滅兩國殺二君自謂得志若遂其凶暴是表中國之衰申夷狄之彊故抑之使若不得其君故云世子也

春の

用人

○秋七月平子伐莒取郠（郠莒邑取郠不書公見討平丘魯諱之。郠古杏反）獻俘始用人於亳社（以人祭殷社。俘芳夫反亳步洛反）臧武仲在齊聞之曰周公其不饗魯祭乎周公饗義魯無義詩曰德音孔昭視民不佻（詩小雅佻偷也言明德君子必愛民。視如字詩作示佻他彫反）佻之謂甚矣而壹用之將誰福哉（壹同也同人於畜牲。畜許又反）疏 詩曰至福哉。正義曰小雅鹿鳴之篇也孔甚昭明佻偷也言君子之大爲賓客德音甚明其視下民不偷薄苟且也偷之已謂甚矣而一同畜牲用之將誰肯福祐之哉佻偷釋言文李巡曰佻偷薄之偷也孫炎曰偷苟且也

昭十

人杞人于厥憖（厥憖地闕。佗徒何反憖魚靳反徐五巾反一音五轄反）○九月已亥葬我小君齊歸（齊諡。齊如字）○冬十有一月丁酉楚師滅蔡執蔡世子有以歸用之（用之殺以祭山）疏 蔡世子。正義曰父既死矣猶稱世子者君死而國被圍未暇以禮即位故國以世子告

昭十一

○冬十一月楚子滅蔡用隱大子于岡山（蔡靈公之太子蔡侯廬之父。岡音剛廬力吳反）疏 用隱大子于岡山。正義曰此時楚以畜牲用之無人爲之作諡必是蔡侯廬歸國乃追諡其父爲隱耳釋例土地名岡山闕不知其處經言以歸用之必是楚地山也 申無宇曰不祥五牲不相爲用況用諸侯乎（五牲牛羊豕犬雞。爲于僞反或如字）疏 況用諸侯。正義曰世子雖未即位以其父既死則當君處故以諸侯言之甚之也。注五牲至犬雞。正義曰爾雅以此五者并馬爲六畜周禮謂之六牲但馬非常祭所用故去馬而以此五者當之 王必悔之（悔爲暴虐）○十二月單成公卒（終叔向之言）

昭十一

言旻

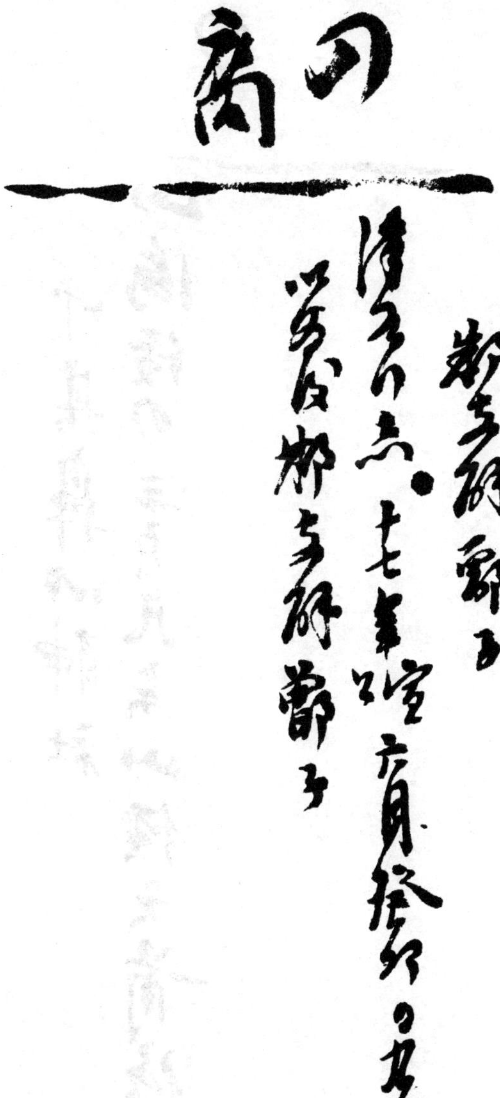

〇一

山海經〇三頁凡東山經之首條

叩其鼻以衈社

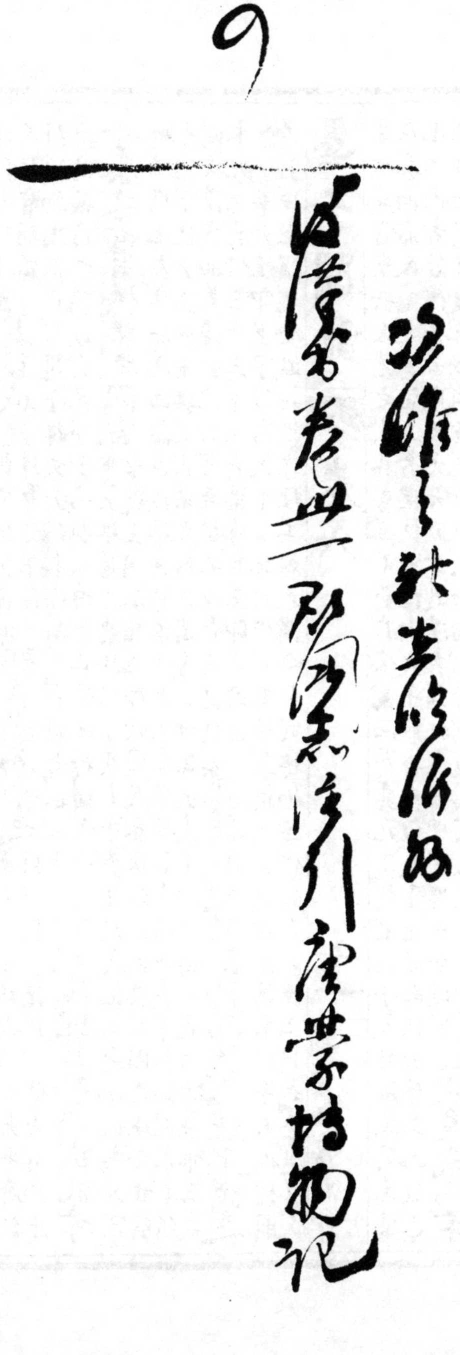

而不已操而不擇則此豈實仁義之道哉此所謂便其習而義其俗者也楚之南有炎人國者顧云手本炎作啖盧云列子作炎殷敬順釋文讀去聲詒讓案魯問篇亦作啖人新論同博物志引作炎道藏本列子釋文作啖人云啖去聲本作炎後漢書亦作噉人國疑當從啖為是詳魯問篇其親戚死親戚謂父母也詳兼愛下篇朽其肉而棄之畢云列子朽作歺同太平廣記引作刳詒讓按御覽七百九十引博物志亦作刳列子釋文云歺本作冎音寡剮肉也又音般作冎蓋冎之譌說文冎部云冎剮人肉置其骨也新論作斫尤誤然後埋其骨乃成為孝子秦之西有儀渠之國者畢云渠舊作秉據列子及太平廣記改史記正義括地志云寧原慶三州秦北地郡戰國及春秋時為義渠戎國之地今甘肅慶陽府也在陝西之西詒讓按渠吳鈔本作秉不成字博物志引作義渠新論同宋本列子渠下注云又康康與秉並渠之形誤周書王會篇云義渠以茲白孔晁注云義渠西戎國後漢書西羌傳云涇北有義渠之戎俞云史記秦本紀厲共公三十三年伐義渠虜其王即此國也其親戚死聚柴薪而焚之燻上謂之登遐畢云燻即熏字俗寫太平廣記引作熏其煙上謂之登煙霞詒讓案列子亦作燻則煙上謂之登遐新論作煙上燻天謂之昇霞博物志作勳之即煙上謂之登遐呂氏

墨子閒詁　卷六　十一　埽葉山房石印

春秋義賞篇云氐羌之民其虜也不憂其係累而憂其死不焚也荀子大略篇說同義渠在秦西亦氐羌之屬登遐者禮記曲禮云天子崩告喪曰天子登假鄭注云登上也假已也上已者若僊去云耳釋文云假音遐漢書郊祀志云世有僊人登遐倒景顏注云遐亦遠也按依廣記所引及新論似皆以遐為霞之叚字非古義也然後成為孝子成為吳鈔本作謂之此上以為政下以為俗畢云太平廣記引有云而未足為非也詒讓按博物志引有中國未足為非也七字列子作而未足為異也為而不已操而不擇則此豈實仁義之道哉此所謂便其習而義其俗者也若以此若

氏始大○秋七月平子伐莒取郠獻俘始用人於亳社臧武仲在齊聞之曰周公其不饗魯祭乎周公饗義魯無義詩曰德音孔昭視民不佻佻之謂甚矣而壹用之將誰福哉○戊子晉平公卒鄭伯如晉及河晉人辭之游吉遂如晉九月叔孫婼齊國

著之位所以昭事序也視不過結襘之中所以道容貌也言以命之容貌以明之失則有闕今單子爲王官伯而命事於會視不登帶言不過步貌不道容而言不昭矣不道不共不昭不從無守氣矣○九月葬齊歸公不慼晉士之送葬者歸以語史趙史趙曰必爲魯郊侍者曰何故曰歸姓也不思親祖不歸也叔向曰魯公室其卑乎君有大喪國不廢蒐有三年之喪而無一日之慼國不恤喪不忌君也君無慼容不顧親也國不忌君君不顧親能無卑乎殆其失國○冬十一月楚子滅蔡用隱大子于岡山申無宇曰不祥五牲不相爲用況用諸侯乎王必悔之○十二月單成公卒

已畢云猶言何說操而不擇哉畢云擇同釋詒讓按淮南子說山訓高注云釋舍也墨子曰此所謂便其習而義其俗者也習吳鈔本作事下同俞云義猶善也謂善其俗也禮記緇衣篇章義癉惡釋文曰尚書作善皇云義善也是義與善同意按義當讀為宜俞說未塙昔者越之東有輆沭之國者畢云輆舊作軟不成字據太平廣記引作輆音善愛反今改盧云列子湯問篇作輒木新論作軫沭顧云世德堂列子作木影宋本作沭詒讓按意林引列子及道藏本劉子風俗篇並作輒沭博物志五引作駭沭宋本列子作輒沭注云又休道藏本殷敬順釋文及盧重元注本並作輒休殷云輒說文作耴諸涉切耳垂也休美也蓋儋耳之類是也諸家本作輒沭者誤耳按諸文舛互此無文義可校集韻十九代云輆沭國名在越東是北宋本寔作輆沭依殷說則輆當作輒後魯問篇以食子為咳人國俗與此復不同後漢書南蠻傳說噉人國在交阯西交阯即南越而國名及方域並異未知孰是其長子生則解而食之盧云解魯問作鮮與列子同杜預注左傳云人不以壽死曰鮮顧云此列子釋文之謬說詒讓按殷敬順列子釋文引杜說而釋之云謂少也即盧說所本盧校列子則謂解析一聲之轉引析支亦作鮮支為證說較此為長蓋解鮮析義並同新論作其長子生則解肉而食其母謂之宜弟其大父死負其大母而棄之博物志引作父死則負其母而棄之新論作其人父死即負其母而棄之按此不必定為大父母疑張劉所引近是曰鬼妻不可與居處此上以為政下以為俗為

49

東夷

次睢之社
續漢郡國志 瑯邪國 臨沂 注一 博物記曰縣東
界次睢有大叢社民謂之食人社即次睢
之社也

第四

秦穆公病臥夢見上帝

史記秦本紀

南の

多有之案王說是也

魯陽文君語子墨子曰吳鈔本語作謂楚之南有啖人之國者。橋節葬下篇作炎人而以食子為輆沐國俗與此不同竊疑啖人之名即起於食子此篇是也橋未詳其國之長子生。則鮮而食之。畢云鮮一本作解詒讓案節葬下篇亦作解顧云作鮮者誤古鮮解字或相亂殷敬順釋列子用鮮字訓非也謂之宜弟。美則以遺其君。君喜則賞其父。後漢書南蠻傳云交阯其西有噉人國生首子輒解而食之謂之宜弟味旨則以遺其君君喜而賞其父今烏滸人是也李注引萬震南州異物志云烏滸地名也在廣州之南交州之北則漢時尚相傳有是國也豈不惡俗哉子墨子曰雖中國之俗亦猶是也殺其父而賞其子何以異食其子而賞其父者哉苟不用仁義何以非夷人食其子也

墨子魯問

易牙

桓公好味，易牙蒸其子首而進之

韓非二柄篇

又十過篇管仲曰、、、易牙蒸其首子而進之

又難一管仲有病條

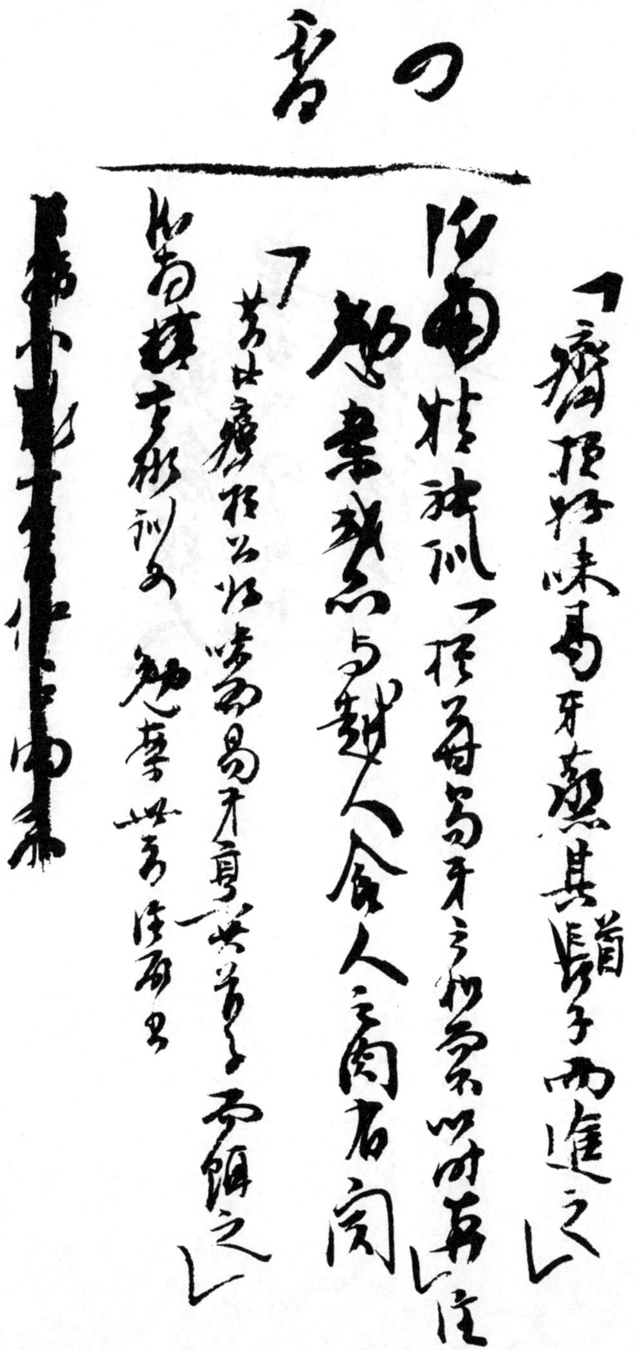

勳歛短人

畢沅五〇・七下

侏儒閑

又十二下

矮奴

舊唐書陽城傳：出為道州刺史。道州土地產民多矮，每年常配鄉戶貢其男，號為矮奴。城下車，禁以良為賤，又閔其編甿歲有離異之苦，乃抗疏論而免之，自是乃停其貢，民皆賴之，無不泣荷。

新書：州產侏儒，歲貢諸朝，城哀其生離，無所進。帝使求之，城奏曰：州民盡短，若以貢，不知何者可供。自是罷。州人感之，以陽名子。

四裔一兩

越將（漢書十六下作越駱 廿一下作） 案漢初越與閩多可見

日南夜郎王說不通（漢書三十五卅下）

越人俗鬼奉祀至殺鬼（漢書廿五下上）

東越（在閩山海之遠）（朱買臣傳 六四上上）

[redacted]

平南越東六國（樓船傳）（漢書九十上）

漢南海欲川（漢書廿八下上） 樓船傳（又）

越佗尉首（漢書陸賈傳 卅三下）

南海王織（漢書四四上） 淮南使閩三輔南海王（六四上上）

且越人以縣力薄材不料陸戰 又無車騎弓弩之用 但有鐵甲

卒不下數十萬（六四上上 下上 四了）

王莽以西南事（九九中 卅下 卅下）

蜀漢至晋時南中史實

華陽國志卷三汶山郡　卷四寧州郡建

安十九年　晋寧郡　建寧郡　永昌郡

章武初　咸熙之年以下

○商（兩）

華陽國志先賢士女總讚 鄭純……為益州西部都尉，處地金銀琥珀犀象翠羽出，作此官者，皆富及十世，純獨清廉，毫毛不犯，夷漢歌歎。

備考

儆侗兄

先生代達孫大人　六　克

庶郎

以君侍中奉使延，詔徙為九卿，丞相事、、、、賴史邯郸令爲

庶郎等募劉侯家

若　夜郎

[illegible]言化[illegible][illegible]之華九年[illegible]得知夜郎一上安[illegible][illegible]

土內[illegible]

四弟
勉以漢人對蒙古之敢屈
共壯進

撣 緬甸

第二節

狄字從犬，該是犬種；蠻字從虫，該是虫種。然而現在見於古書的北狄並無犬種之說，南蠻反是犬種，這是什麼理由呢？我們再看魏略西戎傳：

氐人有王，所從來舊矣。自漢開益州，置武都郡，排其種人，分竄山谷，或在福祿，或在汧隴左右。其種非一，稱槃瓠之後，或號青氐，或號白氐，或號蚺氐，此蓋蟲之種類而處中國，人卽其服色而名之也。（五）

這一節傳說保其當日原所藏的其境土的廣無從知其屬何種族但據說文蜀字本是蠶中蟲則亦祇氐人以蟲之種類自稱的一例而蜀字的讀音也似乎就是叟和賨的音轉可揚雄所說的蜀父老有聞是蜀不變服而巴不化也可見古代蜀人和中國服飾亦是不同的其雖為異民族可知　至於氐人在今四川湖北之間的則其神話和傳說亦見於漢書南蠻傳中[redacted]南蠻傳說

書又五百四九

（南）馬來

越江洪濤也[illegible]

[illegible]

綴[illegible]

織貝[illegible]

[illegible]

[illegible]

（林83）[illegible]

宗教

徐登者閩中人也閩中地今泉州也本女子化爲丈夫善爲巫術又趙炳字公阿東陽人能爲越方東陽今婺州也抱朴子曰道士趙炳以氣禁人人不能起禁虎
虎伏地低頭閉目便可執縛以大釘釘柱入尺許以氣吹之釘即躍出射去如弩箭之發異苑云趙侯以盆盛水吹氣作禁魚龍立見越方善禁呪也時遭兵亂疾疫大起二人遇於烏傷溪水之上
酈元注水經曰吳寧溪出吳寧縣經烏傷縣謂之烏傷溪在今婺州義烏縣東也遂結言約共以其術療病各相謂曰今既同志且可各試所能登乃禁溪水水爲不
流炳復次禁枯樹樹即生荑易曰枯楊生荑王弼注云荑者楊之秀也二人相視而笑共行其道焉登年長炳師事之貴尚清儉禮神唯以東流
水爲酌削桑皮爲脯但行禁架所療皆除禁架即禁禦也後登物故炳東入章安縣名屬會稽郡本名回浦光武改焉章安故城在今台州臨海縣東南百姓未之知
也炳乃故升茅屋梧鼎而爨主人見之驚懅梧支也懅怖也炳笑不應既而爨熟屋無損異又嘗臨水求度船人不和之和猶許也俗本作知
者誤也炳乃張蓋坐其中長嘯呼風亂流而濟於是百姓神服從者如歸章安令惡其惑衆收殺之人爲立祠堂於永康至今
蚊蚋不能入也炳故祠在今婺州永康縣東俗呼爲趙侯祠至今蚊蚋不入祠所江南猶傳趙侯禁法以療疾云

後書方術

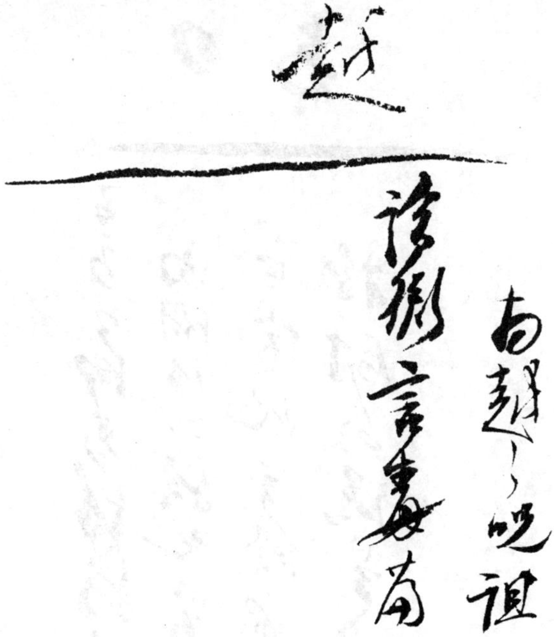

第四

百官公卿表越騎校尉掌越騎　如淳曰越人內附以為騎也　晉灼曰取其材力超越也　師古曰宣紀言佽飛射士胡越騎又此下有胡騎校尉如說是

夜郎 僰 邛 滇 牂牁 且蘭 夜郎 句町

犍為郡（武帝建元六年開莽曰西順屬益州應劭曰故夜郎國）戶十萬九千四百一十九口四十八萬九千四百八十六○縣十二 僰道（莽曰僰治應劭曰故僰侯國也音蒲北反）江陽 武陽（有鐵官莽曰戢成）南安（有鹽官鐵官）資中 符（溫水南至鄨入黚水黚水亦南至鄨入江莽曰符信師古曰鄨音鼈又音鱉黚音紀炎反）牛鞞（孟康曰音髀師古曰音必爾反）南廣（汾關山符黑水所出北至僰道入江又有大涉水北至符入江過郡三行八百四十里）漢陽（都尉治山闟谷漢水所出東至鄨入延莽曰新通師古曰闟音它盍反）郁鄢（莽曰[illegible]師古曰郁音莫亞反鄢音於建反）朱提（山出銀應劭曰朱提山在西南蘇林曰朱音銖提音時北方人名匕曰匙）堂琅

越巂郡（武帝元鼎六年開莽曰集巂屬益州應劭曰故邛都國有巂水言越此水以章休盛也師古曰巂音先蘂反）戶六萬一千二百八口四十萬八千四百五○縣十五 邛都（南山出銅有邛池澤）遂久（繩水出徼外東至僰道入江過郡二行千四百里○宋祁曰道字下當添入字）靈關道 臺登（孫水南至會無入若行七百五十里應劭曰今曰臺高）定莋（出鹽步北澤在南都尉治師古曰莋音才各反其下並同）會無（東山出碧）莋秦 大莋 姑復（臨池澤在南師古曰復音扶目反）三絳 蘇示（尼江在西北師古曰示讀曰祇居古字）闌（音闌）卑水（孟康曰卑音班）灊街（師古曰灊音潛又音才心反其下亦同）青蛉（臨池灊在北僕水出徼外東南至來惟入勞過郡二行千八百八十里禺同山有金馬碧雞應劭曰青蛉水出西東入江也師古曰蛉音零禺音愚○宋祁曰雞俗作雞邪如淳云金形似馬碧形似雞）

益州郡（武帝元封二年開莽曰就新屬益州應劭曰故滇王國也師古曰滇音顛其下並同）戶八萬一千九百四十六口五十八萬四百六十三○縣二十四 滇池（大澤在西滇池澤在西北有黑水祠）雙柏 同勞 銅瀨（談虜山迷水所出東至談稿入溫）連然（有鹽官）俞元（池在南橋水所出東至毋單入溫行千九百里懷山出銅）收靡（南涂山涂水所出西北至越巂入繩過郡二行千二十里李奇曰靡音麻師古曰即升麻殺毒藥所出也涂音塗）穀昌 秦臧（牛蘭山即水所出南至雙柏入僕行八百二十里）邪龍 味（孟康曰音昧）昆澤 葉榆（葉榆澤在東貪水首受青蛉南至邪龍入僕行五百里師古曰葉音式涉反）律高（西石空山出錫東南盢町山出銀鉛師古曰盢音呼鵜反町音挺）不韋 雲南 巂唐（周水首受徼外又有類水西南至不韋行六百五十里）弄棟（東農山毋血水出北至三絳南入繩行五百一十里）比蘇（孟康曰比音頻二反）賁古（北采山出錫西羊山出銀鉛南烏山出錫師古曰賁音奔）毋棳（橋水首受橋山東至中留入潭過郡四行三千一百二十里莽曰有棳師古曰毋讀與無同棳音之悅反其字從木）勝休（河水東至毋單入橋莽曰勝僰）建伶（應劭曰音鈴○宋祁曰建字鄧本作建）來唯（從陘山出銅勞水出徼外東至麋泠入南海過郡三行三千五百六十里師古曰陘音胡丁反泠音零）

牂柯郡（武帝元鼎六年開莽曰同亭有柱蒲關屬益州應劭曰臨牂柯江也師古曰牂柯係船杙也華陽國志云楚頃襄王時遣莊蹻伐夜郎軍至且蘭椓船於岸而步戰既滅夜郎以且蘭有椓船牂柯處乃改其名為牂柯杙音弋）戶二萬四千二百一十九口十五萬三千三百六十○縣十七 故且蘭（沅水東南至益陽入江過郡二行二千五百三十里應劭曰故且蘭侯邑也且音苴師古曰音子閭反）鐔封（溫水東至廣鬱入鬱過郡二行五百六十里師古曰鐔音尋又音淫）鄨（不狼山鄨水所出東入沅過郡二行七百三十里孟康曰鄨音鷩師古曰音不刎反）漏臥（應劭曰故漏臥侯國）平夷 同並（應劭曰故同並侯邑並音伴）談指 宛溫（師古曰宛音於元反）毋斂（剛水東至潭中入潭莽曰有斂師古曰潭音大含反）夜郎（豚水東至廣鬱都尉治莽曰同亭應劭曰故夜郎侯邑）毋單（師古曰毋讀與無同單音丹）漏江 西隨（麋水西受

徼外東至麋泠入尚龍谿過郡二行千一百六里）都夢（壺水東南至麋泠入尚龍谿過郡二行千一百六十里）談槀（師古曰槀音工老反）進桑（南部都尉治有關）句町（文象水東至增食入鬱又有盧唯水來細水伐水莽曰從化應劭曰故句町國師古曰音劬挺）

巴郡（秦置屬益州應劭曰左氏巴子使韓服告楚）戶十五萬八千六百四十三口七十萬八千一百四十八○縣十一 江州 臨江（莽曰監江）枳（如淳曰音徙或音祇師古曰音之爾反）閬中（彭道將池在南彭道魚池在西南師古曰閬音浪）墊江（孟康曰音重疊之疊師古曰音徒浹反）朐忍（容毋水所出南有橘官師古曰朐音蠢）安漢（莽曰安新）宕渠（符特山在西南潛水西南入江不曹水出東北南入灊徐谷師古曰宕音徒浪反）魚復（江關都尉治有橘官師古曰復音腹）充國 涪陵（莽曰巴亭師古曰涪音浮）

方之士也於是令羣臣皆賀所舉四行從朱鳥門入而對策焉平蠻將軍馮茂擊句町士卒疾疫死者什六七賦斂民財什取五益州虛耗而不克徵還下獄死更遣寧始將軍廉丹與庸部牧史熊擊句町頗斬首有勝莽徵丹熊丹熊願益調度必克乃還復大賦斂就都大尹馮英不肯給上言自越巂遂久仇牛同亭邪豆之屬反畔以來積且十年（服虔曰遂久縣名也仇牛等越巂旁夷）郡縣距擊不已續用馮茂苟施一切之政僰道以南山險高深茂多敺衆遠居（師古曰敺讀與驅同）費以億計吏士離毒氣死者什七（師古曰離遭也）今丹熊懼於自詭期會（師古曰詭責也自以為憂責）調發諸郡兵穀復訾民取其十四（師古曰發人訾財十取其四也）空破梁州功終不遂（師古曰遂成也）宜罷兵屯田（○宋祁曰宜改作一曰者非是）明設購賞莽怒免英官後頗覺寤曰英亦未可厚非復以英為長沙連率

第四

清水良之村上菊郎及韓孟郎之今從軍
者張相將軍郭少將臣報之

第四

附錄 元朝之經略西南事

南四

武紹之先生乃良友，昔已寫作南遊

劄四

清之代初之三 諸臣所爲好友諸臣生
得諸子稱之 以爲宜之第諸臣猜疑殘降
乃屏諸臣
蓋亦然其見之卓人 稱之傳此似非也

力
再

附寄上廿二號之四月吉達港郵局附程
附去拜陳匡

西南

千戶。夏，爲太后起園廟雲陵。益州廉頭、姑繒、牂柯談指、同並二十四邑皆反，蘇林曰：皆西南夷別種名也。師古曰：繒音件心。宋祁曰：景德本柯作牁。遣水衡都尉呂破胡募吏民及發犍爲、蜀郡犇命擊益州，大破之。應劭曰：舊時郡國皆有材官騎士以赴急難，今夷反，常兵不足以討之，故權選取精勇。聞命奔走，故謂之奔命。李斐曰：平居發者二十以上至五十爲甲卒，今者五十以上六十以下爲奔命。奔命，言急也。師古曰：應說是也。犇，古奔字耳。犍音虔，又音鉅言反。有司請河內屬冀州，河東屬并州。文穎曰：本屬司州。師古曰：蓋總京師，司隸所部。秋七月，赦天

昭紀 緒之七

四年冬，遣大鴻臚田廣明擊益州。

儋耳、真番郡。師古曰：儋耳本南越地，真番本朝鮮地，皆武帝所置也。番音普安反。秋，大鴻臚廣明、軍正王平擊益州，師古曰：廣明，田廣明。斬首捕虜三萬餘人，獲畜產五萬餘頭。

緒之五

天水、隴西、張掖郡各二縣置金城郡。詔曰：「鉤町侯毋波率其君長人民擊反者，斬首捕虜有功。服虔曰：鉤音左傳射兩鉤之鉤。應劭曰：町音若挺。西南夷也。毋波，其名也。今牂柯鉤町縣是也。師古曰：音劬挺。其立毋波爲鉤町王。大鴻臚廣明將率有功，賜爵關內侯，食邑

緒之六

元鳳元年春，應劭曰：三年中，鳳皇比下東海海西樂鄉，於是以冠元焉。長公主共養勞苦，復以藍田益長公主湯沐邑。泗水戴王前薨，以毋嗣國除，後宮有

未田

讀錢竹汀先生說儋耳真番郡

車騎將軍必有一誤　罷儋耳真番郡○臣召南按儋耳郡罷并入珠厓至元帝時珠厓亦罷又按後書夷傳此年罷臨屯真番

乾隆四年校刊　前漢書卷十二考證　三

以并樂浪元菟則不惟罷真番一郡也　將三輔太常徒注○胡三省曰此刑徒輸作三輔及太常者也　三輔太常郡得以叔粟

秦郡

昭紀元鳳五年秋罷象郡分屬鬱林牂柯

七郡應作十郡郡二千騎正合二萬之數　發中二千石將五校作治注○王韋曰五校謂中壘屯騎越騎射聲虎賁也　秋罷象郡分屬鬱林牂柯○臣召南按此文可疑秦置象郡後屬南越漢破南越郎故象郡置日南郡以地理志證之此時無象上名且日南郡固始終未罷也

東の

漢書高帝紀　三　第一下　[illegible]閩越[illegible]
　十一年[illegible]南越王趙佗稱臣奉貢
高后時[illegible]南粵王自稱南越武帝[illegible]　揚子云
列為郡縣[illegible]
七年秋九月[illegible]南越傳[illegible]遣陸賈[illegible]
[illegible]

第四

儒者解周公爲周郎　崔鴻唐「儒林當南安記曰
古有萬歲縣古今注曰武帝元封十年置萬歲郡
都尉治萬歲鎮尉寄人樓橋安府」衰
宋熙寧中嘗作守五國
飯思學經
李永字

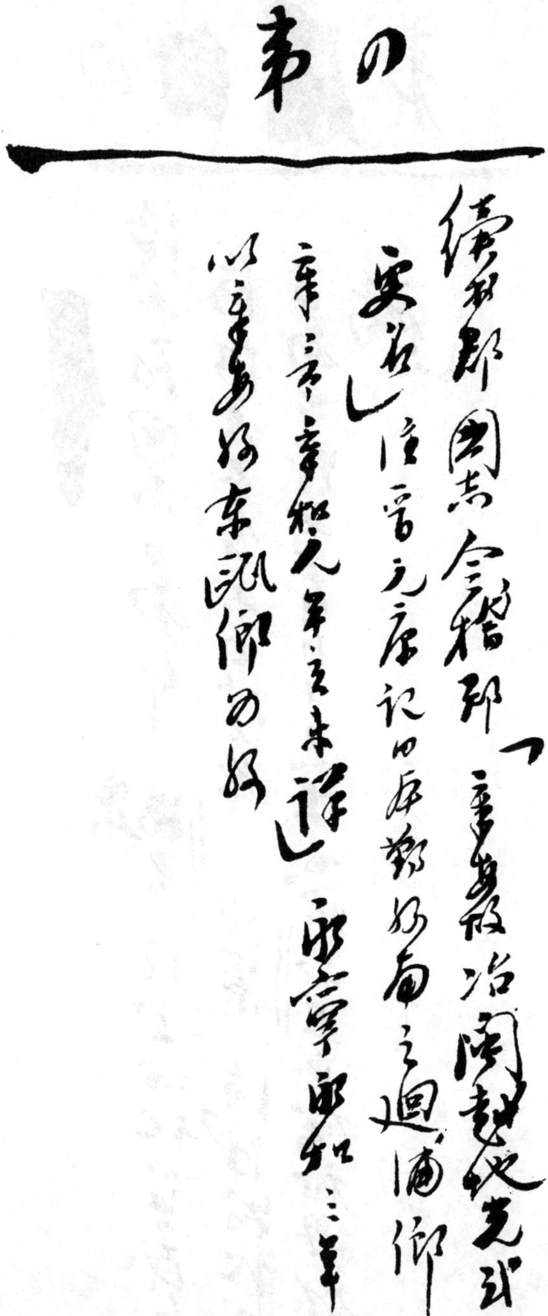

第[redacted]の

[redacted]

續漢郡國志日南郡朱[redacted]吾 注交州記曰其民依

海居不食米止資魚 北景 注博物記曰

日南出野女羣行不見夫其狀晶且白裸袒無衣

襦」

三輔盜賊麻起師古曰言起者如亂麻也乃置捕盜都尉官令執法謁者追擊長安中建鳴鼓攻賊幡而使者隨其後遣太師義仲景尚更始將軍護軍王黨將兵擊青徐國師和仲曹放助郭興擊句町轉天下穀幣詣西河五原朔方漁陽每一郡以百萬數欲以擊匈奴秋隕霜殺菽關東大饑蝗

史記卷一百一十三考證

南越尉佗列傳封其子廣德為龍亢侯索隱按龍亢屬譙國○臣照按年表索隱曰龍魯邑蕭該云廣德所封止是龍有亢者誤也此

處索隱注自相矛盾

史記卷一百一十四考證

東越列傳秦已并天下皆廢為君長○臣照按越為楚滅子孫分散臣服於楚越世家雖有或為王或為君之言其實自相稱署而

不得比於宋衛中山之數者也秦兼天下罷侯置守六國之後尚不得尺土寸地矧區區江南海上之越別奉以君長之號乎疑

無諸與搖皆已廢為庶人陳項兵起乃始糾合義旅閩越之民尚思舊德相率景從耳

史記卷一百一十五考證

朝鮮列傳朝鮮相路人相韓陰尼谿相參將軍王唊集解漢書音義曰凡五人也○麥稚隆曰按師古云相路人一相韓陰二尼谿

相參三將軍王唊四應氏云五人誤也

史記卷一百一十六考證

西南夷列傳自巂以東北君長以什數徙筰都最大集解徐廣曰徙在漢嘉筰音昨在越巂○臣照按華陽國志曰汶山曰夷南中

曰昆明漢嘉越巂曰筰蜀曰邛與徐所說不同　乃拜蒙為郎中將○華陽國志作中郎將

の一

槃木ノ蟠木

山海經十七ノ二万く

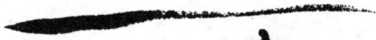

四裔 南

范旃與印度交通

水經河水注一卷十一頁

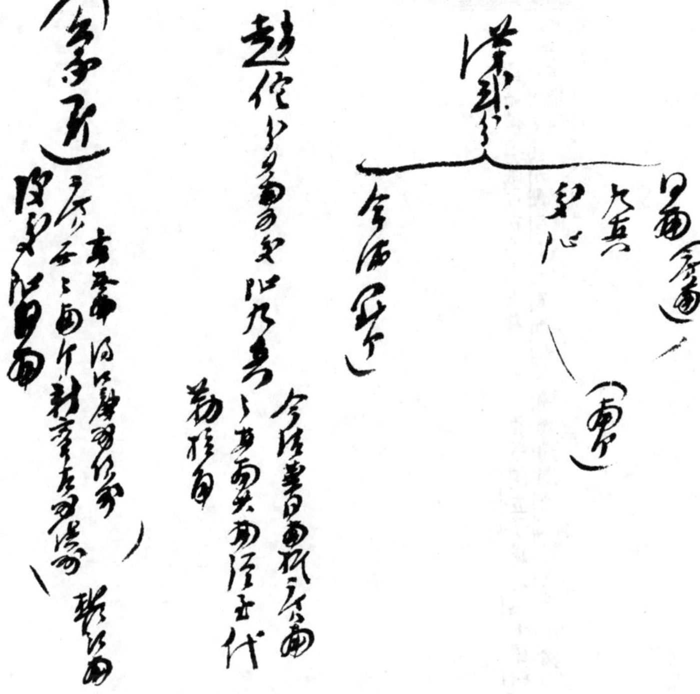

事

撫佗石
田事圈過
文字實補
注高紀十二年

詔諸侯王議可立爲燕王者。長沙王臣等請立子建爲燕王。詔曰：南武侯織亦粵之世也，立以爲南海王。臣瓚曰高帝五年以象郡桂林南海長沙立吳芮爲長沙王象郡桂林南海屬尉佗佗未降遙虛奪以封芮耳後佗降漢十一年更立佗爲南越王自此王三郡芮唯得長沙桂林零陵耳今復封織爲南海王復遙奪佗一郡織未得王之○劉攽曰零陵武帝始立郡文說誤矣且始敘高帝封吳芮無零陵之文瓚亦傳寫妄加之

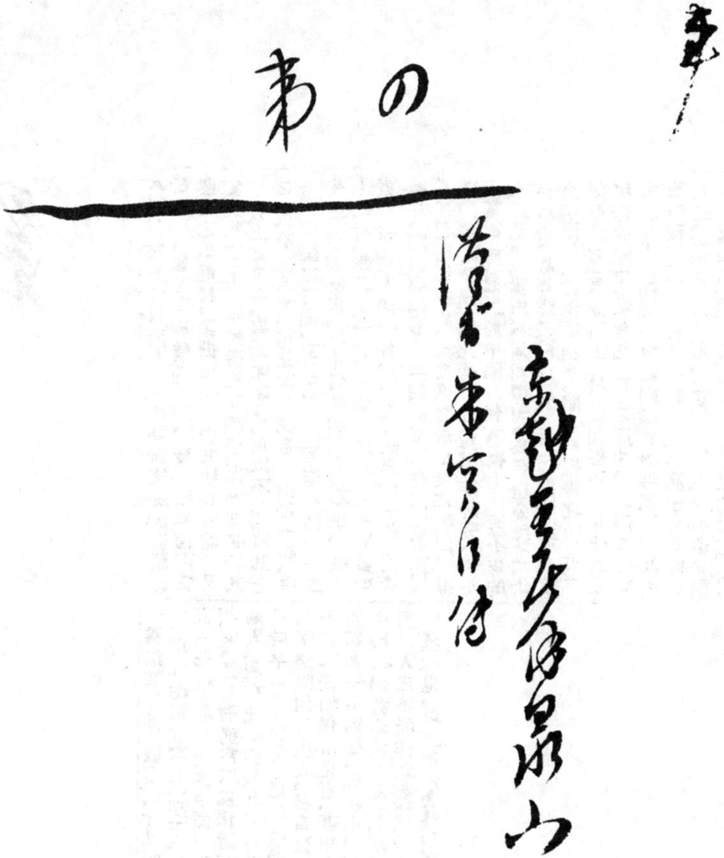

△諸葛鼓非仿自南人——中央研究院歷史語言研究所、曾從事於發掘工作、發掘地爲河南安陽西之小屯村、羅振玉先生定其地爲殷墟、又定光緒二十五年所發見之龜甲、即出其地、其甲骨上之文字、與講題無關、可以不論、唯其上之形、有刻有畫、可見當時繪畫藝術之一斑、中央研究院之發掘、主其事者、有李濟傅斯年二先生、發掘所得、除甲骨外、有玉器石器、共四十二件、銅器十一件、陶器十三件、其中最重要者、爲石刻人像一件、陶步鑄銅器範一件、白瓷數片、陶器與銅器形式相同者數件、此項工作、該所已印有報告、該所又發掘山東之龍山、得碎陶器二萬餘片、此次所得、現尚待研究、我亦未嘗寓目、想對於中國古代藝術上定有不少的新發見、考龍山爲周時譚國、爲齊桓公所滅、此次所得、當係譚被滅以前、兩年前陝西古代墳墓、遭軍人發掘者極多、聞當時掘得之銅器、有數百件之多、除有數件已經出售外、其餘尚在秘密收藏中、我曾見數件之照片、其形式之高古、實不在端方舊藏之銅禁諸酒器之下、其中有兩種、一爲旗杆頭一件、此物高三寸又四分之三、一面爲人面形、上爲虎面形、一面似是獸面、當爲古時行軍時所用之旗杆上端之飾物、一爲銅鼓二件、鼓高六寸又四分之一、直徑七寸、爲古樂器、其音之高下、以鼓身之洞分之、鼓上花紋富麗、上爲平面、其式與諸葛行軍鼓相同、諸葛鼓通常以爲係諸葛亮南征時、仿自南人、現在此兩個鼓出自西北部、較之諸葛鼓、爲時早一千餘年、足證諸葛鼓乃仿自此式矣、河南洛陽附近農人、私自發掘時、亦常有發見、不過式樣均係常見者、其中特別者、據我所知、則爲若干小銅像、像甚小、高只三寸許、我常言中國在佛教未流入之前、所以無立體像、非中國工人之不能作此等像、乃中國工人之並不作此種像也、以上所述、[illegible]可證明我言之不謬矣、

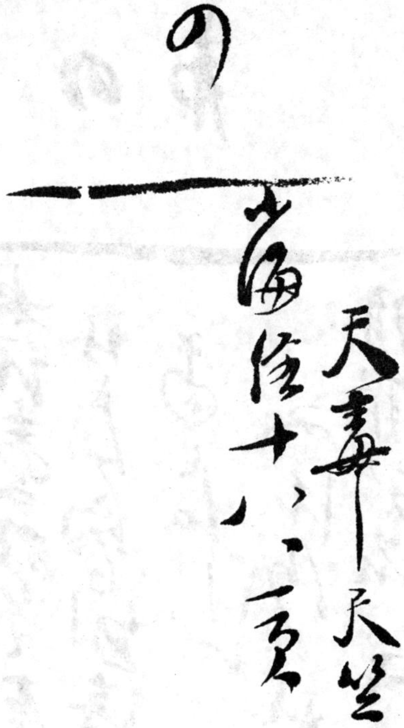
の
天壽
天竺

東四

「南至北嚮戶」史記秦始皇本紀文　集解「吳都賦開北戶以向日　劉逵曰日南北戶　猶日北之南戶也」

又以下北戶　古辰

稿都刻在三輔黃圖

五十六年八月二十元年十二廿日夜

南海

[illegible]元始元年春正月越裳[illegible]一獻　古日越裳南方遠國也譯謂傳言也[illegible]使三公以薦[illegible]羣臣奏言大司

[illegible]功德比周公賜號安漢公益戶[illegible]大師[illegible]語在莽傳

平紀

平紀元始

二年春黄支國獻犀牛

第四

此四字涉上以[illegible]名以爲書

南越傳六二年未訊元鼎武侯望樓其家の

可保人未降處江都　元鼎六年[illegible]

の

南

見建元月

元鼎六年南粤[illegible]寶[illegible]郎事

大將

五	六
三月中南越相嘉反殺其王及漢使者　[illegible]	十二月東越反
四　九月辛巳御史大夫石慶爲丞相封牧丘侯	二
衛尉路博德爲伏波將軍出桂陽主爵楊僕爲樓船將軍出豫章皆破南越	故龍頟侯韓說爲橫海將軍出會稽樓船將軍楊僕出豫章中尉王溫舒出會稽皆破東越

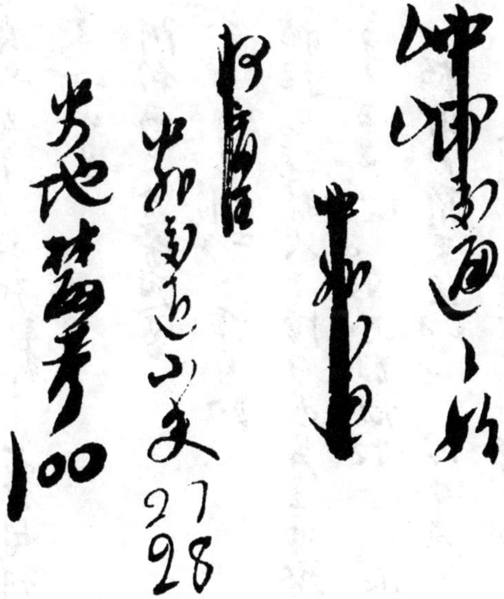

增：十四世紀以後——吠陀時代

自此到第七世紀 春秋 ——史詩時代

第八世紀

阿利安人居恆河流域

第四世紀至二 入恆河域

憍薩羅達特人于恆河南岸之摩揭陀

第六百年至七 至于 悉蘇那伽朝——頻毗娑羅 摩揭陀興 蘇平者州

釋迦牟尼降生 末の 時大概在憍薩羅之城

子阿闍世紀 即恆河流域 孫伯來印

前四八五佛滅

立葉氏婆陵世系子

第三七〇第六 翌王已

難陀王朝繼之

第六世紀初末 青紗 婆那王大衆士僧入印度南部後樹

第三三〇 三九 蘇王 西居山大乘婆那

第三二七の二 難王 進攻印度 解波羅王

第二三星王の六 愛手巴 吐蕃

難陀羅發多（月護王）幽閉於馬羅部無眼西北印度——毛利耶朝

補難陀朝

難陀氏族

解羅王

解羅王

帕檀五世都度良（後稱）

（毛利耶朝之旃陀羅笈多曾為其臣）

西南夷哀牢儋耳僬僥槃木白狼動黏諸種前後慕義貢獻

山海經曰周僥國在三首國東爲人短小冠帶○一名焦僥國語曰焦僥氏三尺短之至也楊孚異物志曰儋耳南方夷生則鏤其頰皮連耳匡分爲數支狀如雞腸纍纍下垂至肩

明帝紀　永平十七年

章帝紀　十八年（永平）十一月 [illegible] 、、、 進僬僥儋耳

款塞自至

和帝紀永元十二年旄牛徼外白狼樓薄蠻夷王唐繒

等率種人十七萬口歸義內屬

安帝紀永初元年永昌徼外僬僥種夷貢獻內屬

三國蜀志霍峻傳注引漢晉春秋峻子弋降晉後~~領南中都督~~以遣將兵救援呂興平交阯日南九真三郡功封列侯進號安南將軍弋孫彪晉越嶲太守

又呂凱傳注引蜀世譜呂祥（凱子）後為晉南夷校尉祥子及孫世為永昌太守李雄破寧州諸呂不肯附王伉等亦守正節

又馬忠傳子脩注脩弟恢恢子義晉建寧太守

地理

康降都稽

郡捏 江郡傳 卅三·九 蕭郡傳 卅六·八

庲降

三國蜀志李恢傳注臣松之訊之蜀人云庲降地名去蜀二千餘里時未有寧州號為南中立此職以總攝之晉泰始中始分為寧州

晋書成帝紀咸康二年「冬十月，廣州刺史鄧嶽遣督護王隨擊夜郎，新昌太守陶協擊興古，並剋之」。鄧嶽傳（卷八十一）：咸康三年，嶽遣軍伐夜郎，破之，加督寧州。

（四年八月，是年分寧州置安州。五年三月乙丑，廣州刺史鄧嶽伐蜀，建寧人孟彥執李壽將霍彪以降。）

苻堅載記：楊安士當益州，「西南夷卭莋夜郎等皆歸之」（卷七）。太元七年「益州西南夷海東諸國皆遣使貢其方物」。

南蠻校尉晉武帝置治寧州江左改曰鎮蠻校尉宋書百官志

晉書武帝紀泰始七年八月⌐……分益州之南中四郡

置寧州……」

太康三年八月⌐罷平州寧州刺史三年一入奏

事

四年六月牂柯獠二千餘落內屬

懷帝紀永嘉五年五月⌐建寧郡夷攻陷寧州死者

三千餘人

是時守寧州者為南夷校尉李毅李雄請

」建寧夷攻之毅病死城陷見雄載記(國作)

其後寧州秀才龐遺起義兵以寧州刺史尹奉与雄相持
事在咸和二年至八年乃為李壽所陷尹及建寧太
守霍彪並降之（同上亦見李壽傳）（使班討平寧州南）
壽使李奕征牂牁太守謝恕距守不拔（同上）
李毅尹奉間守寧州拒蜀皆有遺蹟傳見卷廿一

晉書武帝紀太康十年「西南夷二十餘國來獻」

惠帝紀永平元年「……南夷二十四部……詣校尉內附」

安帝紀義熙元年「……西南夷銅頭大師來獻方物」

宋時寧州刺史　寧州〻獻萬門廣國詔亞盟事見文成劉付　武帝紀寧州嘗獻虎魄枕光色甚麗時將北征以虎魄治金創上大悅命擣碎分付諸將

武帝永初二　應龕　文帝元嘉五　周籍之　十五　徐循　晉寧　十六年

太守爨松子　十九　周萬歲（晉寧太守）　孝武即位後　檀閑　大明二　杜

反循討平之

叔文　三荀仲子　建寧大守　の費景緒　五費伯弘　明帝

泰始六孔玉　後廢帝元徽二劉延祖　五柳和　建寧大守

皆見紀　齊永明八年蕭惠開猜爲寧二州刺史見本傳但

只至蜀　史云惠開素有大志至蜀欲廣樹經略善於曲事厚賓僚　及士人說收牂牁越巂以爲內地綏討蠻濮闢地徵租聞其

言壯以爲　天嘉三年諸徐羊孫之等分遣大使巡行天下有能請

大功可立　見裴松　周朗鐶付寧州于道殺之　事在大明の年見本傳

潘罢先使寧州〻〻傳　借点見蕭興宗傳

廣州寧州刺史 梁

高帝紀建元二年省遣大使巡行四方以交寧二州道遠不遣使 武帝永明二程生勤 三董仲舒 十郭安明 海陵王延興元李慶綜? 明帝建武三李慶宗? 和帝中興元柳惔益寧二州刺史

梁書徐文盛傳大同末以爲持節督寧州刺史先是州在僻遠所管羣蠻不識教義貪欲財賄劫篡相尋前後刺史莫能制文盛推心撫慰示以威德夷獠感之風俗遂改 南史

當時寧州

南史梁武帝諸子傳武陵王紀　大同三年爲都督益州刺史……

紀在蜀開建寧越嶲貢獻方物十倍前人……在蜀十七

[redacted]年南開寧州越嶲西通資陵吐谷渾……

……故能殖其財用器甲殷積……既東下黃金一斤爲餅

百餅爲簉至有百簉銀五倍之其他錦罽繒采稱是每

戰則懸金帛以示將士終不賞賜寧州刺史陳知祖請

散金銀募勇士不聽慟哭而去

[redacted]

周武帝紀保定元年九月甲辰南寧州遣使、獻滇
馬及蜀鎧
二年十月于南寧州置恭州
天和五年十二月癸巳大將軍鄭恪率師平
越巂置西寧、州
隋史萬歲列西寧州隋书（三）卅　梁睿論南寧州（卅七）傳　史萬
歲討南寧州（五三）傳
韋沖平南寧州　北史（六四）傳　隋卌七志

宋时林邑

献方物见雅纪廿　文帝元嘉七　十　十二　十五　十六　十八

孝武大明二　明帝泰豫元

元嘉廿三伐之　其以所獲金銀寶物班賚有差

亦見卷六三（晉）七六（三上）八六（下）九二（二上下）

宋書天文志義熙九年，林邑王范胡達將萬餘人寇九真，九真太守杜慧期距破之」（257）

又十一年，五月，林邑寇交州，刺史杜瑋度距戰于九真，大為所敗」（259）

杜瑗破林范胡達（九二兆）

三國秘志（○○）葉　吳志（三）

一札考

、因漢書金三國時定州情形

見三國姜三有隋士譬傳

《三國付雄》雞支，以廿

三國魏志袁渙傳後為霸，弟徵以儒素稱書遍天下氣遊雞

交州

又吳朝傳注引獻帝春秋語「孫興孝共和閩超討閩一百舟字」（閩財走交州以虞翻語曰見翻付注引是也）

海部走交州為吳所區遂請軍降（與興我孜坙海玉東治）

五百共三牧傳初謙主為牧寫蜀求交阯郡遊雞

若許靖自彭揚而刺史陳禕貢天吳郡都尉許貢會稽太守主朗書

此靖有舊故往伴為靖收恤親隱經紀振贍出於仁厚撫育篤素

波江皆走交州以避其難靖身坐岸邊先載附從親疏莫帶

凡後所者⋯陳國表徵以何（可）寄宿交州以者芳今蘭威書

稜⋯（許慈傳与許靖俱自交州入蜀

「改合浦爲珠官郡」

三國吳志孫權黃武七年

分交州置廣州

又黃武五年是歲分交州置廣州，俄復舊

孫休永安七年，復分交州置廣州

宋書州郡志交州刺史注：漢武帝元鼎六年開百越，交阯刺史治龍編，漢獻帝建安八年改曰交州，治蒼梧廣信縣，十六年徙治南海番禺縣，及分爲廣州，治番禺，交州還治龍編

晉世

交廣 林邑 扶南

交廣建置（1上 8上 交 9下）

（三）4下 4上 5上下 10上下 （六）7下 （七）2下 5上 （八）1下 2上 3下 4下 5上 （九）2上 4下 5上 7上 （十）1下 5下—6下

（十三）6下 （廿三）9上 （廿七）3上（孫休時交阯之亂） （九十）7上 （五七）三一七（吳末交州之亂）

（六六）5上下 （六七）5下 （七六）7下 8上 （八八）10下 （八二）6上 （百）7下 12下 （八七）7下

宋代交廣

宋書文帝紀元嘉八年五月庚寅，以交州復立珠崖郡——

九年十月癸未，以廣州之宋康郡

十六年五月癸巳，於交州置宋平郡——

廿七年五月辛未，制交寧二州假授郡縣俸祿，依舊除

明帝泰始六年十月戊戌，以始興郡為宋安郡

七年二月戊戌，分廣交州之郡合九郡立越州

之州郡（考見廣州、交州）

十有（郡志卅州）

宋交州刺史

晉宋間杜慧度傳見卷九十二（南史七十）宋書循吏參看　卷の十九徐處傳

文帝元嘉四年王徽之　九年李秀之　十二年荀道覆　十四年徐森之（亦見六一卷五頁上）　廿年檀和之（廿三年伐林邑）　廿七年蕭景憲

孝武孝建二年垣閎　蕭景憲　三年費淹　大明二年垣閎　六年檀翼之　前廢帝永光元年（即景和元年）孫

劉牧　明帝泰始四年交州人李長仁據州叛（亦見九十四徐爰傳）

南史—

劉勃　為陳伯紹　六主越州刺史　以廢帝元徽之陳伯紹為
為孫曇瓘　順帝
昇明元
胡叢穎生
以廢帝元徽為沈景德　順帝昇明二趙
趙民　以上皆見本紀　又泰始中劉勔為數道病
交州率見本傳　元徽中沈煥為鎮　率見自序（百點）
大明六年
據以沈攸之事見后妃傳（吉法）
廣州刺史
文帝元嘉五年徐豁　十年甫闡　十五年陸徽　廿年陶照祖　孝武孝建三
王瑤　大明二年費淹　明帝泰始四年劉思道攻殺刺史羊希龍驤陳伯
紹討平之　以廢帝元徽之何恢　順帝昇明元沈景德　皆見紀

宋孝武时图通朱崖未果

宋书九十七卷二页

齊時交州叛服　梁　陳　李賁

見齊書東南夷傳五十八卷 五下一上 南史の九・九下　亦見本紀建元二年 廿八の下

以伏登之刺交，乃服。永明八年事　鬱林隆昌之

年以宋平太守祖刺交　旋又反　臧靈智　海陵延

興元年太守臧靈智若曾皆未往也　旋又卒

宋蔡廓

南史一

梁書（三）4下 9下（三）2上 09 10上下（十七）1下　梁武帝天監四年「交州刺史李凱舉兵反」見隋書天文志（卅二・七）五行志（廿二・三）

陳書（一）1下 2上（五）2下 南史（九）7下（卅四）8上　六六・一

扶嚴夷

宋分郡上武平太守吳孫皓建衡三年

討扶嚴夷以其地立

俚

見宋書杜慧度傳（92 2上） 徐豁傳（92 3上）

蠻夷傳（97 4上） 南史見子帝泰始三年為……廣州刺史乃年

帝以沛郡劉興道行晉康太守領軍伐俚……

南史梁宗室傳吴平侯景子勵從廣州刺史……有詔徵之

還預西江西俚帥陳文徹出寇高要又詔勵重申

蕃任未幾文徹降附

梁書蘭欽傳「經廣州因破俚帥陳文徹兄弟
並禽之」
又孝行傳荀匠兄斐起家為鬱林太守征俚
賊為流矢所中死於陳

越俚

齊書祥瑞志二年明……越州南高涼俚人海中

網魚獲銅鐘一頭銘曰作寶鼎齊臣萬

年子孫承寶

陳書胡穎傳梁世……出番禺征討俚洞

又沈恪傳為廣州中兵參軍常領兵討伐俚洞

又蕭允傳廣州刺史馬靖……兵甲精練每年深入俚洞

又沈君理傳弟君高擢廣州刺史嶺南俚獠世相攻伐君高本文吏

無武幹推心撫御甚得民和

蜑

晉書孝武帝紀寧康二年冬十月己酉天門蜑賊攻郡太守王匪死之征西將軍桓豁遣師討平之

蜒

宋書沈攸之傳攸之自擅[redacted]閫外朝廷疑憚之累被徵入慮不受命乃止舉兵稱皇太后令遣中使向攸之……非以觀察其意攸之答曰……自惟凡陋本無廊廟之姿至如戎防一藩撲討蠻蜒可強充斯任

蜃

齋仁兄講鑒達之丁年十月清陵郡擘氏田健所住處間

嘗留雲氣良鄉嶧微着龍吟邪々積歲莫有見者

去四月二十七日廠肆星夜忽有光取所往獲古鏡一

枚又石一塔名涪于屋人以為神物尊視之

陳叔係吳譜侍正求魚後人也吳氏對瑚為之

帥伍伐壺蜓

周安園

晉人以銅錢販廣州夷人作銅鼓

晉書廿六上

西南

李壽時獠自牂牁北入

山獠滿如注邪

獠

宋書孝武帝紀大明元年三月「梁州獠求内屬，立懷漢郡」

~~本[illegible]書[illegible]傳[illegible]遷[illegible]晚[illegible]寄[illegible]~~

著安　樑

彥堂　那志益兩丘　東蓀　趙萬　沈黎

世松　振平　詠樑郎

益州採

齊始興王鑑傳：遷益州刺史。（南史）蒙取新山陵多有寶所大

度邦採銅由刺史少府鄧遷●遣使責兵祖賊採仰

以爲晉熙刺史，爲不敢詞稱，遂稱其使鄧遷名許，謝將相許（吏）（將）

獄夜往詣之，許女無少長皆誅之，自此山路常通，來往郎亭主皆

又劉悛傳：永明八年，啓世祖：南廣郡界蒙山下，有燒鑪四所，

又有古銅坑，云鄧通所鑄。近喚蒙山獠出，云甚可經

略（南史）

陳書侯瑱傳：梁益州刺史鄱陽王以範爲將帥，山谷

夷獠不賓附者，並遣瑱征之。（南史同）

廣西稽
察東西郡所點廣西……諸民丁不可不為經稽稽雜出撥兵山
除不肯實服西南二江洞深遠別置精護者係
討之
歸邇所鎮作邊郡本合循此例也事搖撓兵隱伏之蘇
陳寇登不寒微年偏戶……之徵二年前後為（陳伯從）
和史作主為鎮守山當城門藏服經稽之後痺氣殺
人陸無害所刺史為之謂禍避害而今亦不調和其邊彥
猾悉刺史常兵戎馬諸以對付為務　豈未可謂良矣
奉經郡蒸以經主耶

又張融傳出為封溪令「廣越嶂嶮獠賊執融將殺食之融神色不動方作洛生詠賊異之而不害也

陳書歐陽頠傳「蘭欽（南史作欽）……除清遠（廣東今縣）太守……南征夷獠擒陳文徹所獲不可勝計獻大銅鼓累代所無」

又胡穎傳

又擢廣州刺史……時頠弟盛為交州刺史次弟邃為衡州刺史……多致銅鼓生口獻奉珍異前後委積頗有助軍國焉

獠

梁書武帝紀中大同元年正月癸丑交州刺史楊瞟剋交趾嘉寧城，李賁竄入獠洞（南史作屈獠洞），交州平。太清二年三月己未屈獠洞斬李賁傳首京師。

陳書高祖紀同十一年賁走典澈湖於屈獠界立砦，為高祖所破，竄入屈獠洞中，屈獠斬賁傳首京師，是歲太清元年也。

兩方關係

以前諸書作 衛風 伯兮 詩序 子夏小序

參看呂著第八〇四五頁

昨得廿□□信，并初□□代郵□□□□□□
邸□□□□□東路馮海□□□□□□□□
張□□□□□□□□□□□□□□
□
□□□
□□□□□□□□□□□□□
□□□□□□□□

又劉巴傳為曹操掾招納長沙零陵桂陽會先主略有三郡巴不得

反使遂遠適交阯

吳志士燮傳遷交阯太守燮體器寬厚謙虛下士中國士人往

依避難者以百數

又程秉傳逮事鄭玄後避亂交州與劉熙考論大義遂博通經士

燮命為長史

又薛綜傳少依族人避地交州從劉熙學

宋書隱逸傳宋平劉睦之在交州

乃
弟

續示即悉。國書式諸即於兄處[illegible]　東部　[illegible]劉[illegible]記
日[illegible][illegible][illegible][illegible][illegible]原出[illegible][illegible]耳蘭[illegible][illegible]即
[illegible][illegible][illegible][illegible][illegible][illegible]之[illegible]難定
[illegible][illegible]書[illegible][illegible][illegible]達

五谿蠻夷

三國吳志吳主傳黃武元年，劉備「誘導武陵蠻夷，假與印傳，許之」。二年(?)，劉備遣侍中馬良安慰五谿蠻夷」。蜀志先主傳、馬良傳「良入武陵招納五谿蠻夷，蠻夷渠帥皆受印號，咸如意指」。

吳志潘濬傳「五谿蠻夷叛亂盤結，權假濬節，督諸軍討之……斬首獲生，蓋以萬數，自是羣蠻衰弱，一方寧靜」。

吳數以宋世面別門取諸此事
見國方學志
（22之22孫）

王蠻寧南附 咸寧三（三〇七下） 杜伐誘而蠻帥而殺（六六・廿四）

天門武陵蠻會（七〇・二上）

武陵本名義陵在辰陽界光武時東移改名（九〇・四下）

廬江蠻（卅八・十一）

劉聰時蠻帥沼西揚州（九六・六下）

桓溫平桃蠻使出黃城討蠻賊（九八・九上）

桓玄移沮漳蠻於江南（九九・三上）

義陽蠻張昌 見晉書百卷 又見百・卅上（六六・一上下）

柤中蠻（一・六下）

廖君

晉書李特載記較以漢書為詳

南蠻校尉晉武帝置治襄陽江左初省尋又置治江陵

宋世祖孝建中省 宋书百官志

寧蠻 [redacted] 校尉晉武帝置治襄陽以授魯宗之 上同

書作孝武帝

宋代諸蠻　沔中蠻

宋世蠻患最甚者為雍州〻蠻即沔中蠻也或曰緣沔蠻

元嘉七年以道產為雍州刺史、襄陽太守諸蠻悉出緣沔而居 [redacted]宋書六十五本傳又見七十七柳元景傳

十九年道產卒群蠻大動朱脩之討之失利 七十六脩之傳

沈慶之為建威將軍力討緣沔蠻 七十七 進征湖陽

世祖為雍州慶之又隨西上討誅山蠻隨王誕入沔率柳元景

宗慤等伐沔北諸山蠻使元景攻克南新郡蠻田彥生 同上又元景宗七六慤傳 世祖為雍州事在元嘉廿二年見紀

柳元景傳從弟子崇隆（上庸太守）合鄉里二千餘人起義於上庸　見八四鄧琬傳

南陽宗越、劉胡皆以討蠻自名，越傳見八十三　胡見鄧琬傳

四六張邵傳為雍州刺史，丹淅二川蠻屢為寇，誘誅其渠帥，殘其徒黨一靡，蠻所在並起，水陸斷絕　亦見南史

宋代諸蠻　西陽蠻、弋陽蠻

南史西陽有巴水蘄水希水赤亭水西歸水謂之五水蠻

西陽漢縣故城在今光山縣西，晉時為蠻所據，於黄岡縣東立西陽郡。弋陽亦漢縣，今潢川

元嘉中江州刺史武陵王駿伐西陽蠻見紀　南史同

據沈慶之傳，時蠻為亡命司馬黑石叛吏夏侯方進在西陽五水誑動羣蠻，自淮汝至於江沔咸罹其害，遣慶之督諸將討之，旋元凶弒逆，世祖至五洲，慶之乃往討，定凡攻戰經年焉　孝武紀云時緣江蠻為寇，柳元景亦曾伐西陽五水蠻見本傳

又大明四年云沈慶之討沿江蠻　南史同

廿七殷琰傳 爲豫州刺史劉胡使扇動羣蠻規自廬江掩襲

歷陽。弋陽西山蠻田益之起義攻郭確於弋陽。龐定

光於義陽時子勛敗

廿八臧質傳 元嘉廿七太祖使伐汝南西境刀壁山等蠻大

破之

索虜傳 泰豫元年陵檀天生等引山蠻攻圍義陽縣

南史[redacted]鄧琬傳 劉胡南陽涅陽人。少爲郡將，積射隊

主，討伐諸蠻，往無不捷，蠻甚畏憚之……小兒啼語云

劉胡來便止

宋代討蠻

47劉懷肅傳江淮閒羣蠻及桓氏餘黨為寇亮自請出
討桓振敗之 時在荆州

巴東建平為峽中蠻所破元徽二年沈攸之遣軍入峽
討蠻帥田五郡等見攸之傳

王鎮惡傳平江陵以蠻帥白博抵根據阮頭屢為大暴討平
之 破朱襄之約 司馬休之 因停軍抄掠諸蠻不時反 時在江陵

44鄭琬傳徵為巴東太守羅寶稱寶稱辭以郡接山蠻兵力不足乃巴東人
任叔兒聚徒起義會寶稱死叔兒殺其二子據白帝子頊遣兵討之至
峽口為蠻帥向子通所破

四六

宋代諸蠻　竟陵蠻

趙倫之〻付子伯符爲竟陵太守竟陵蠻爲寇來討破

之〻據沈慶之〻付則實係慶之〻爲設方略　南史同

南史宋宗室及諸王付　南郡王義宣〻元嘉九年爲竟陵王

〻〻〻時竟陵屢年爲久依綏剝民殺掠而雄望

齋公台

齊書蠻傳 蠻種類繁多言語不一咸依山谷布荆湘雍郢司等五州界……蠻俗衣布徒跣或椎髻或剪髮……

齊時蠻

齊武帝紀永明五年，雍司二州蠻虜屢動，遣蕭景先出平陽，陳顯達出宛葉。

先是，荒人桓天生自稱桓玄宗族，與雍司二州界蠻虜相扇動，據南陽故城以寇舞陰。景先屯義陽，顯達領雍荊討伐之。天生還竄荒中。見景先、顯達傳。

永明十一年，樊林王以往蔚寇動，東城太守舞陰閻守遣送部往後敘用。

閬溪蠻生田頭擬之粮（22止）

義陽劫帥張羣（22/21上）

湘州蠻　南齊書湘州蠻動柳世隆刺湘州討平之 本傳（24上）

永明四年 湘州蠻動刺史呂安國督州兵伐之

庾蓽本傳（29下）

沈攸之遣使與蠻中交關 敬兒執其使於蠻羣規援

樊氏諸蠻廣氏湯天獲商行入蠻備覩虛計信

鐔方籍證益柄助 本傳

劉懷珍傳 沈攸之之同郡城懷珍遣宗淨軍萬人出西陽

破賊前鋒

雍司二江州蠻動 曹虎領兵戍義陽 本傳

劉悛傳 為武陵內史 郡南田僮作山中 年豐安西嵗

南通王 荊宣以荊州傳出謂到是又出詔悛 南史

武十七王傳 魚復侯子響刺荊州 令內人私作錦

袍絳襖欲餉蠻交易器仗

蠻獠

南史齊高帝諸子傳豫章文獻王嶷　為武陵內史時沈攸之賧伐荊州界內諸蠻遂及五溪禁斷魚鹽羣蠻怒酉溪蠻王田頭擬殺攸之使攸之責賧千萬頭擬輸五百萬發氣死其弟婁侯篡立頭擬子田都走入獠中於是蠻部大亂抄掠至郡城下嶷遣隊主張英兒擊破田都自獠中請立而婁侯亦歸附誅婁侯於郡獄命田都繼其父蠻衆乃安

梁時蠻

梁書鄧元起：永元末，「蠻帥田孔明附魏，自號郢州刺史，寇掠三關，規襲夏口」，為元起所破。

太祖五王傳：安成康王秀，天監十三年刺郢，「時司州叛蠻田魯生、弟魯賢、超秀，據蒙籠來降，高祖（武帝）以魯生為北司州刺史，魯賢北豫州刺史，超秀定州刺史，為北境扞蔽。而魯生、超秀互相讒毀，有去就心。秀撫喻懷納，各得其同十四日時頽之（南史）曰：十六年再逆雍州，十七年仲孟竟陵之石樸蒄。雍州蠻迎秀間蕘探哭而去。

蕭景傳（刺雍）天監八年，魏荊（雍）州刺史元志率衆七萬寇潺溝，驅迫羣蠻，蠻悉渡漢水來降。議者以蠻累為州患，可因此除之。景曰：窮來歸我，誅之不祥；且魏人來侵，每為矛楯。若悉誅蠻，則魏軍無礙，非長策也。乃開樊城受降。　南史同

南史馬仙琕傳　為南義陽太守，累破山蠻，郡境清謐。（天監時）

梁時蠻

梁書蘭欽傳 都督衡州三郡兵討桂陽陽山始興叛蠻 至即平破之 又破天漆蠻帥晚時得 會衡州刺史元慶和為桂陽人嚴容所圍 欽往應援破容羅溪於是長樂諸洞一時平蕩 [redacted]

又張纘傳 卷三四 大同九刺湘州 州界零陵衡陽等郡有莫傜蠻者依山險為居歷政不賓服因此向化

南史同

梁益州蠻

梁書張齊傳 天監七年為巴西太守十年郡
人姚景和聚合蠻蜑抄斷江路……討于
平昌破之 南史 在益部累年討擊蠻獠
身無寧歲

又陰子春傳 太清二年討峽中叛蠻平之 時為梁秦二州刺史

梁書文學傳 臧嚴 歷監義陽武寧郡 守郡界 累任皆蠻左前郡守常選武人以兵鎮之嚴獨以數門生單車入境群蠻悅服遂絕寇盜 南史

又良吏傳孫謙 明帝擢 以 為巴東建平二郡太守 郡居三峽恒以威力鎮之謙將述職敕募千人 自隨 謙曰蠻夷不賓蓋待之失節耳何 下 兵役以為國費固辭不受至郡布恩惠之化蠻獠懷之……

疁田

梁書武帝紀大同九年三月於江州新蔡高塘立頌平屯墾作疁田

陳時蠻

世祖紀天嘉二年冬十月癸丑，羅州西山蠻率部落內屬。南史代

宣帝紀太建十年十二月乙亥，合州廬江蠻田伯興出寇樅陽，刺史魯廣達討平之。南史同

周文育傳 義興人周薈為壽昌浦口戍主……薈勃已上……司州刺史陳慶之……啟薈為前軍軍主……使薈將五百人往新蔡懸瓠，慰勞白水蠻，蠻謀執薈以入魏，事覺，薈與文育拒之，時賊徒甚盛，一日之中，戰數十合……薈於陳戰死……文育亦被九創。南史同

陳時蠻

陳書歐陽頠傳時湘衡之界五十餘洞不賓敕命衡州
刺史韋粲討之粲委頠為都督悉皆平殄
「世祖使湘州刺史華皎征衡州界黃洞」見淳于量傳
頠傳授湘州刺史「征伐川洞多致銅鼓生口並送於京師」南史同
又孫瑒傳遷衡州平南府司馬「破黃洞蠻賊有功」
又始興王叔陵傳遷湘州刺史「征伐夷獠所得皆入己絲毫
不以賞賜」南史同

山越

陳書世祖紀 以功授[redacted]持節都督會稽等十郡諸軍事 宣毅將軍會稽太守 山越深險 皆不賓附 世祖分命討擊 悉平之

南史王准之傳 主簿孫禎 禎二年……從鎮廣州未久 都督東衡州刺史領始興內史……

鎮南湘州 師還江……闻台城不守……勸其緣江拒守……招款……仍諸稱與州軍 撫安萬民 便為嶺表推服……仍討平山越 馳驛奏聞 時文帝幸田在會稽使至……

暹

羅斛（三）6下、（五）3上（七上）1下（六）5上下（八）1下 2上 3上下 10下（九）1下 10上

（15）2下 3下（16）2上 9上（21）1下 4下（四七）1下（四一）8下（四三）7上（四四）4上

（四五）2下 3下 6下 7上（四六）1上（五十）1下（五七）1下 6上（五二）8下（五六）

1下 2上 4上下（五九）3上（七一）1下（七三）3上下 4上（七七）1下 8下（八四）4下 6上

（八八）4上（八九）4下

暹（四三）11下 羅斛事附詳緬甸考（五三）12下

北暹羅考（四一）8上（19）2上下 3下（三十）1下（四二）2上（四三）1下 6上

周書

（五）4下6上（八）1下（十二）1下（十四）2下（十六）2上（十九）4上6下（廿）2下

（廿一）2下（廿六）1下（廿七）3上5上（卅八）1上4上5上6下7上（卅九）5上（卅）4下

（卅三）2上3上（卅四）6上（卅五）7下（卅七）5上（卅九）2上（四二）1上

（四四）2下5上一6上（四五）6上

此書先5上一3上康令作康公

隋書（五）3上（四二）7上10下11上（四六）11上（五〇）4上（五五）4下（六五）4上（七五）2下

四裔（北）一

（北齊）茹茹國和在興和三年見紀（三·四上）
取茹茹主（九·一上）
為武成聘茹茹女—蘆羅郁女（五·一上）
茹茹滅亡在天保三至六年（卷四·六至八上）一五（十七·五上）
（周書）茹茹事見（三）2上 4下（十三）4下（十五）2下（四六）2上（四十）2上
（四三）1下
蠕蠕五主（北史卷四·五）

八 休蘭尸逐侯鞮單于屯屠何 章和二年

(一) 呼韓邪單于比 建武廿四

(二) 丘浮尤鞮單于莫 中元

(三) 伊伐於慮鞮單于汗 中元二

(四) 醢僮尸逐侯鞮單于適 永平二

(六) 胡邪尸逐侯鞮單于長 永平六

(五) 丘除車林鞮單于蘇 永平六

(七) 伊屠於閭鞮單于宣 元和二

(九) 單于安國 永元五

(十) 亭獨尸逐侯鞮單于師子 永元六年

(十一) 萬氏尸逐鞮單于檀 永元十年

(十二) 烏稽侯尸逐鞮單于拔 延光三年

(十三) 去特若尸逐就單于休利 永建三年

皇天降災假手于我有命也 昔邢爲無道衞國伐之師興而雨 左傳曰衞大旱卜有事於山川不吉甯莊子曰昔周饑克殷而年豐今邢方無道天欲衞伐邢乎從之師興而雨也 臣動兵涉夏連獲甘澍歲時豐稔人無疵疫上占天心不爲災傷 占候也 下察人事衆和師克 克勝也左傳曰師克在和不在衆也 自橋門以西落川以東故宮縣邑更相通屬 劉攽曰宮縣案文宮當作官舊屯田營壁皆是故官也 非爲深險絕域之地車騎安行無應折衂案奐爲漢吏身當武職駐軍二年不能平寇虛欲脩文戢戈招降獷敵 獷惡貌也音谷猛反 誕辭空說僭而無徵何以言之昔先零作寇趙充國徙令居內 宣帝時充國擊西羌徙之於金城郡 煎當亂邊馬援遷之三輔 馬援遷置天水隴西扶風見西羌傳也 始服終叛至今爲鯁 鯁與梗同梗病也大雅云至今爲梗 故遠識之士以爲深憂今傍郡戶口單少數爲羌所創毒而欲令降徒與之雜居是猶種枳棘於良田養虺蛇於室內也故臣奉大漢之威建長久之策欲絕其本根不使能殖 殖生也左傳曰爲國家者見惡如農夫之務去草焉絕其本根勿使能殖 本規三歲之費用五十四億今適朞年所耗未半而餘寇殘燼將向殄滅 杜預注左傳曰燼火餘木也 臣每奉詔書軍不內御 御制御也淮南子曰國不可從外理軍不可從中御也 願卒斯言一以任臣臨時量宜不失權便 二年詔遣謁者馮禪說降漢陽散羌熲以春農百姓布野羌雖暫除而縣官無廩必當復爲盜賊不如乘虛放兵埶必殄滅夏熲自進營去羌所屯凡亭山四五十里遣田晏夏育將五千人據其山上羌悉衆攻之厲聲問曰田晏夏育在此不湟中義從羌悉在何面今日欲決死生軍中恐晏等勸激兵士殊死大戰遂破之羌衆潰東奔復聚射虎谷分兵守諸谷上下門熲規一舉滅之不欲復令散走乃遣千人於西縣結木爲柵廣二十步長四十里遮之 西縣屬天水郡故城在今秦州上邽縣西南也 分遣晏育等將七千人銜枚夜上西山結營穿塹去虜一里許又遣司馬張愷等將三千人上東山虜乃覺之遂攻晏等分遮汲水道熲自率步騎進擊水上羌却走因與愷等挾東西山縱兵擊破之羌復敗散熲追至谷上下門窮山深谷之中處處破之斬其渠帥以下萬九千級獲牛馬驢騾氈裘廬帳什物不可勝數馮禪等所招降四千人分置安定漢陽隴西三郡於是東羌悉平凡百八十戰斬三萬八千六

百餘級獲牛馬羊騾驢駱駝四十二萬七千五百餘頭費用四十四億軍士死者四百餘人更封新豐縣侯邑萬戶熲行軍仁愛士卒疾病者親自瞻省手爲裹創在邊十餘年未嘗一日蓐寢 郭璞曰蓐席也言身不自安 與將士同苦故皆樂爲死戰三年春徵還京師將秦胡步騎五萬餘人及汗血千里馬生口萬餘人詔遣大鴻臚持節慰勞於鎬 鎬水名在今長安縣西也 軍至拜侍中轉執金吾河南尹有盜發馮貴人冢坐左轉諫議大夫再遷司隸校尉熲曲意宦官故得保其富貴遂黨中常侍王甫枉誅中常侍鄭颯董騰等增封四千戶幷前萬四千戶明年代李咸爲太尉其冬病罷復爲司隸校尉數歲轉潁川太守徵拜太中大夫光和二年復代橋玄爲太尉在位月餘會日食自劾有司舉奏詔收印綬詣廷尉時司隸校尉陽球奏誅王甫幷及熲就獄中詰責之遂飲鴆死家屬徙邊後中常侍呂強上疏追訟熲功靈帝詔熲妻子還本郡初熲與皇甫威明張然明並知名顯達京師稱爲涼州三明云

美陽（美陽故城在今雍州武功縣北）以衞園陵章遂亦進兵美陽溫卓與戰輒不利十一月夜有流星如火光長十餘丈照章遂營中驢馬盡鳴賊以爲不祥欲歸金城卓聞之喜明日乃與右扶風鮑鴻等并兵俱攻大破之斬首數千級章遂敗走榆中（榆中縣屬金城郡故城在今蘭州金城縣中）溫乃遣周慎將三萬人追討之溫參軍事孫堅（堅字文臺吳郡富春人即孫權之父也見吳志）說慎曰賊城中無穀當外轉糧食堅願得萬人斷其運道將軍以大兵繼後賊必困乏而不敢戰若走入羌中并力討之則涼州可定也慎不從引軍圍榆中城而章遂分屯葵園狹反斷慎運道慎懼乃棄車重而退溫時亦使卓將兵三萬討先零羌卓於望垣北（望垣縣屬天水郡）爲羌胡所圍糧食乏絶進退逼急乃於所度水中僞立鰋以爲捕魚而潛從鰋下過軍（續漢書鰋字作堰其字義則同但異體耳）比賊追之決水已深不得度時衆軍敗退唯卓全師而還屯於扶風封斄鄉侯邑千戶（斄縣故城在今雍州武功縣字或作邰音台）三年春遣使者持節就長安拜張溫爲太尉三公在外始之於溫其冬徵溫還京師韓遂乃殺邊章及伯玉文侯擁兵十餘萬進圍隴西太守李相如反與遂連和共殺涼州刺史耿鄙而鄙司馬扶風馬騰（典畧曰騰字壽成扶風茂陵人馬援後也長八尺餘身體洪大面鼻雄異而性賢厚人多敬之）亦擁兵反叛又漢陽王國自號合衆將軍皆與韓遂合共推王國爲主悉令領其衆寇掠三輔五年圍陳倉乃拜卓前將軍與左將軍皇甫嵩擊破之韓遂等復共廢王國而劫故信都令漢陽閻忠（英雄記曰王國等起兵劫忠爲主統三十六部號車騎將軍）使督統諸部忠恥爲衆所脅感恚病死遂等稍爭權利更相殺害其諸部曲竝各分乖六年徵卓爲少府不肯就上書言所將湟中義從及秦胡兵皆詣臣曰牢直不畢稟賜斷絶（前書音義曰牢廩食也古者名廩爲牢）妻子飢凍牽挽臣車使不得行羌胡敝腸狗態（言羌胡心腸敝惡情態如狗也續漢書敝作憋方言云憋惡也郭璞曰憋怤急性也憋音芳別反怤音芳于反）臣不能禁止輒將順安慰增異復上（如其更增異志當復聞上）朝廷不能制頗以爲慮及靈帝寢疾璽書拜卓爲并州牧令以兵屬皇甫嵩卓復上書言曰臣既無老謀又無壯士天恩誤加掌戎十年士卒大小相狎彌久戀臣畜養之恩爲臣奮一旦之命乞將之北州効力邊垂於是駐兵河東以觀時變及帝崩大將軍何進司隸校尉袁紹謀誅閹官而太后不許乃私呼卓將兵入朝以脅太后卓得召即時就道竝上書（竝猶兼也）曰中常侍張讓等竊倖承寵濁亂海內臣聞揚湯止沸莫若去薪（前漢枚乘上書曰欲湯之滄一人吹之百人揚之無益也不如絶薪止火而已滄音楚亮反寒也）潰癰雖痛勝於內食昔趙鞅興晉陽之甲以逐君側之惡人（公羊傳曰晉趙鞅取晉陽之甲以逐荀寅與士吉射荀寅與士吉射者曷爲君側之惡人也此逐君側之惡人曷爲以叛言之無君命也○劉攽曰注荀寅與士吉射者曷爲君側之惡人案公羊當更有荀寅士吉射五字下又更須有者也二字）今臣輒鳴鍾鼓如洛陽（鳴鍾鼓者聲其罪也論語曰小子鳴鼓而攻之典略載卓表曰張讓等慆慢天常擅操王命父子兄弟竝據州郡一書出門高獲千金下數百萬膏腴美田皆屬讓等使變氣上蒸妖賊蜂起）請收讓等以清姦穢卓未至而何進敗虎賁中郎將袁術乃燒南宮欲討宦官而中常侍段珪等（山陽公載記段字作殷）劫少帝及陳留王夜走小平津卓遠見火起引兵急進未明到城西聞少帝在北芒因往奉迎帝見卓將兵卒至恐怖涕泣（典略曰帝望見卓涕泣羣公謂卓有詔卻兵卓曰公諸人爲國大臣不能匡正王室至使國家播蕩何卻兵之有遂俱入城）卓與言不能辭對與陳留王語遂及禍亂之事卓以王爲賢且爲董太后所養卓自以與太后同族有廢立意初卓之入也步騎不過三千自嫌兵少恐不爲遠近所服

詐乃以子整聘譚女以安之魏志曰整建安二十二年封郿侯二十三年薨無子黃初二年追進爵謚曰戴公而引軍還九年三月尚使審配守鄴復攻譚於平原配
獻書於譚曰配聞良藥苦口而利於病忠言逆耳而便於行孔子家語曰忠言逆耳而利於行願將軍緩心抑怒終省愚辭蓋春秋之義國君
死社稷忠臣死君命左傳晏嬰曰君爲社稷死則死之爲社稷亡則亡之晉解揚曰受命以出有死無隕死而成命臣之祿也苟圖危宗廟剝亂國家親疏一也左傳曰天實剝亂也是以周
公垂涕以斃管蔡之獄左傳曰鄭子太叔曰周公殺管叔而蔡蔡叔夫豈不愛王室故也季友歔欷而行叔牙之誅公羊傳曰公子牙卒何以不稱弟殺也殺則曷爲不言刺爲季子諱殺也莊公病叔牙曰魯一生一及君已
知之慶父存也季子曰夫何敢是將爲亂和藥而飲之曰公子從吾言而飲此則可以無爲天下戮笑必有後於魯國誅不避兄弟君臣之義也○劉攽曰注慶父存也案公羊云慶父也存何則義重人輕事不獲已故也
昔先公廢黜將軍以續賢兄立我將軍以爲適嗣上告祖靈下書譜牒海內遠近誰不備聞何意凶臣郭圖妄畫蛇足戰國策曰楚有
祠者賜其舍人酒一卮相謂曰數人飲之不足一人飲之有餘請各畫地爲蛇先成者飲酒一人蛇先成引酒且飲左手持酒右手畫蛇曰吾能爲之足未成一人蛇成奪其卮曰蛇固無足子安能爲之足遂飲酒爲蛇足者終亡其酒乃曲辭諂
媚交亂懿親至令將軍忘孝友之仁襲閼沈之迹放兵鈔突屠城殺吏冤魂痛於幽冥創痍被於草棘又乃圖獲鄴城許賞賜
秦胡其財物婦女豫有分數又云孤雖有老母趣使身體完具而已聞此言者莫不悼心揮涕使太夫人憂哀憒憒我州君臣
監寐悲歎誠拱默以聽執事之圖則懼違春秋死命之節詒太夫人不測之患損先公不世之業我將軍辭不獲命以及館
陶之役詒遺也不世猶言非常也獻帝春秋曰譚尚遂尋干戈以相征討譚軍不利保于平原尚攻于館陶譚擊之敗尚走保險譚追攻之尚設奇伏大破譚軍僵屍流血不可勝計譚走還平原伏惟將軍至孝蒸蒸
發於岐嶷友于之性生於自然章之以聰明行之以敏達覽古今之舉措覩興敗之徵符輕榮財於糞土貴名位於丘岳何意
奄然迷沈墮賢哲之操墮音許規反積怨肆忿取破家之禍翹企延頸待望讎敵委慈親於虎狼之牙以逞一朝之志豈不痛哉若
乃天啓尊心革圖易慮則我將軍匍匐悲號於將軍股掌之上配等亦當敷躬布體以聽斧鑕之刑如又不悛禍將及之願熟
詳吉凶以賜環玦孫卿子曰絕人以玦反人以環譚不納曹操因此進攻鄴審配將馮札爲內應開突門內操兵三百餘人墨子備突篇曰城百步一突門突門
用車兩輪以木束之塗其上維置突門內度門廣狹之令入入門四尺中置窒突門旁爲橐充竈狀又置艾寇即入下輪而塞之鼓橐薰之也配覺之從城上以大石擊門門閉入者皆死操乃鑿壍
圍城周回四十里初令淺示若可越配望見笑而不出爭利操一夜濬之廣深二丈引漳水以灌之自五月至八月城中餓死
者過半尚聞鄴急將軍萬餘人還救城操逆擊破之尚走依曲漳爲營漳水之曲操復圍之未合尚懼遣陰夔陳琳求降不聽尚還
走藍口相州安陽縣界有藍嵯山與鄴相近蓋藍山之口操復進急圍之尚將馬延等臨陣降衆大潰尚奔中山盡收其輜重得尚印綬節鉞及衣物
以示城中城中崩沮審配令士卒曰堅守死戰操軍疲矣幽州方至何憂無主操出行圍配伏弩射之幾中幾音祈中音竹仲反以其兄
子榮爲東門校尉榮夜開門內操兵配拒戰城中生獲配操謂配曰吾近行圍弩何多也配曰猶恨其少操曰卿忠於袁氏亦
自不得不爾意欲活之配意氣壯烈終無撓辭見者莫不歎息遂斬之先賢行狀曰是日先得配將詣帳下辛毗等逆以馬鞭擊其頭罵之曰奴汝今日真死矣配顧曰狗輩正由汝曹
破冀州恨不得殺汝也公既有意活配配無撓辭辛毗等號哭不已乃殺之全尚母妻子還其財寶高幹以并州降復爲刺史曹操之圍鄴也譚復背之因略取甘

商四

振跋功李德裕說出崔浩沈約宋書案之

吳曾能改齋雜說中亦有沈約宋書案

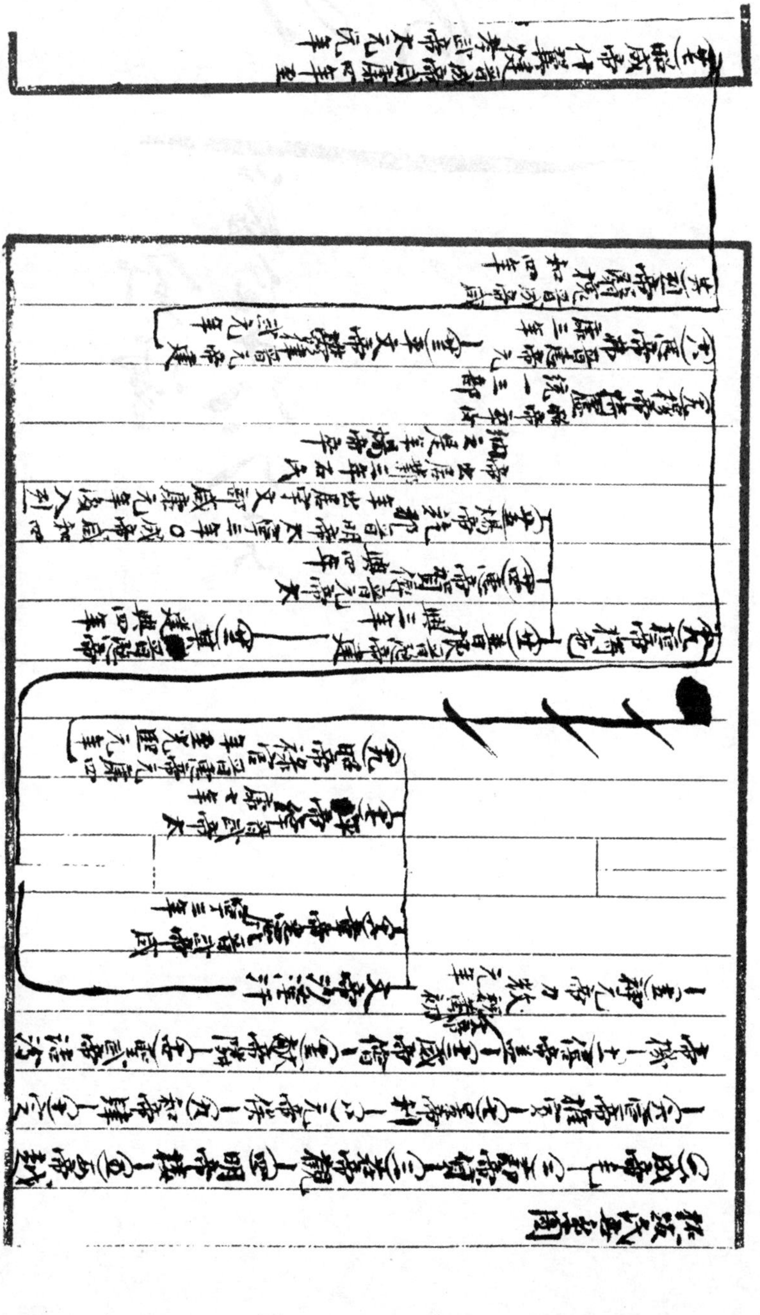

高車

釘靈

山海經十八・八頁

鮮宰大人閣下　謹（若啓）肅者
二十三年太[illegible]務中[illegible]到大安
前賜指右原島丸王急貴書使收
陽川隱濃出……[illegible]是告州……留……
慕鮮卑……初九（三月[illegible]十五了）
侯
丁仝（寿）化（田）照

鮮卑 樓煩 林胡 長城

山武公初立【集解】徐廣曰西周桓公之子桓公者考王弟而定王子【索隱】中山古鮮虞國姬姓也系本云中山武公居顧桓公徙靈壽爲趙武靈王所滅不言誰之子孫徐廣云西周桓公之子亦無所據蓋未得其實 十三年城平邑【集解】駰案地理志云代郡有平邑縣 十五年獻侯卒子烈侯籍立烈侯元年魏文侯伐中山使太子擊守之六年魏韓趙皆相立爲諸侯……襲單複具爲一襲 九年烈侯卒弟武公立【索隱】譙周云系本及説趙語者並無其事蓋別有所據 武公十三年卒趙復立烈侯太子章是爲敬侯是歲魏文侯卒敬侯元年武公子朝作亂不克出奔魏趙始都邯鄲二年敗齊于靈丘【集解】駰案地理志云代郡有靈丘縣 三年救魏于廩丘大敗齊人四年魏敗我兎臺築剛平【正義】兎臺剛平並在河北 以侵衛五年齊魏爲衛攻趙取我剛平六年借兵於楚伐魏取棘蒲【正義】今趙州平棘縣古棘蒲邑也 八年拔魏黄城【集解】杜預曰陳留外黄縣東有黄城【正義】括地志云故黄城在魏州冠氏縣南因黄溝爲名按陳留外黄城非趙所剮也 九年伐齊齊伐燕趙救燕十年與中山戰于房子【正義】趙州房子縣是 十一年魏韓趙共滅晉分其地伐中山又戰於中人【集解】徐廣曰中山唐縣有中人亭【正義】括地志云中山故城一名中人亭在定州唐縣東北四十一里春秋時鮮虞國之中人邑也 十二年敬侯卒子成侯種立成侯元年公子勝與成侯爭立爲亂二年六月雨雪三年大戊午爲相【集解】徐廣曰戊一作戍 伐衛取鄉邑七十三魏敗我藺【正義】地理志云屬西河郡也 四年與秦戰高安【正義】蓋在河東 敗之五年伐齊于鄄【正義】濮州鄄城縣是 魏敗我懷攻鄭敗之以與韓韓與我長子【集解】駰案地理志云上黨有長子縣 六年中山築長城伐魏

王是爲武靈王十九年春正月大朝信宮召肥義與議天下五日而畢王北略中山之地至於房子【正義】趙州縣也 遂之代北至無窮西至河登黄華之上【正義】黄華蓋西河側之山名也 召樓緩謀曰我先王因世之變以長南藩之地屬阻漳滏之險立長城又取藺郭狼敗林人於荏【正義】即林胡也 而功未遂今中山在我腹心北有燕【正義】地理志云趙分晉北有信都中山又得涿郡之高陽鄚州鄉東有清河河間又得渤海郡之東平舒……故言北有燕 東有胡【正義】趙東有瀛州之東北營州之境即東胡烏丸之地服虔云東胡烏丸之先後爲鮮卑也 西有林胡樓煩秦韓之邊【正義】林胡樓煩即嵐勝之北也嵐勝以南石州離石藺等七國時趙邑滏也秦隔河也晉洛潞澤等州皆七國時韓地爲趙西境也 而無彊兵之救是亡社稷奈何夫有高世之名必有遺俗之累吾欲胡服樓緩曰善羣臣皆不欲於是肥義侍王曰簡襄主之烈計胡翟之利爲人臣者寵有孝悌長幼順明之節通有補民益主之業【正義】寵貴也通達理也凡爲人臣有孝弟長幼順明之節制者、貴寵也有補民益主之功業者爲達理也 此兩者臣之分也今吾欲繼襄王之跡開於胡翟之鄉而卒世不見也【正義】卒子律反盡也言盡世間不見補民益主之忠臣也 爲敵弱【正義】敵人必困弱也 用力少而功多可以毋盡百姓之勞而序往古之勳【正義】序重也往古謂趙簡子襄子也 夫有高世之功者負遺俗之累【正義】負留也言古周公孔子留衣冠禮義之俗今變爲胡服是負留風俗之遺累也 有獨智之慮者任驁民之怨【正義】言世有獨詐智之思慮者必任隱逸敖慢之民怨望

趙世

呼韓王（据帝元嘉之）与清争西陲　清与西域交通之要径

俟面晤再談矣

光華大學　考卷

後漢靈帝時中平四年（一八七），張純反，請發南匈奴兵，配幽州牧劉虞，國人恐單于發兵無已，明年右部反，殺單于，子於扶羅立。國人殺其父者遂叛，共立須卜骨都侯爲單于，而南奴單于。鄭樵書說，姓攣鞮氏，漢書作虛連題氏，[redacted]是一音的異譯。自羌渠以前，未嘗易姓，假使其出於屠各氏之說而確，其傳國亦可謂之不久了，須卜氏是異姓貴種之一，匈奴[redacted]至此始有異姓被立爲單于者，須卜骨都侯立僅一年而死，南庭遂虛其位，以老王行國事，而於扶羅詣漢自訟，死後其弟呼廚泉仍繼之，則是時匈奴單于之位仍可以說是繼續的，不過寄居漢地，不能統治其衆罷了。於扶羅詣闕自訟之時，適會漢靈帝死（中平六年一八九），天下大亂，單于將數千騎和白波賊合寇河內諸郡。時民皆保聚，鈔無利而兵遂挫傷，復欲歸國，國人不受，乃止於河東。

（14）

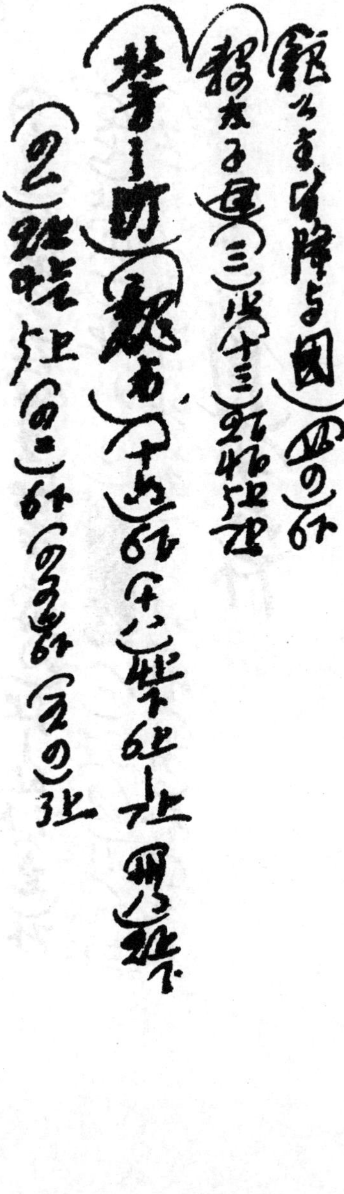

(民族史)宋(卅七)外

(十三)紀(四)五(卅五)附(卅八)上一紀下(卅)下

(七十七)上(八一)北上(一十)[redacted](二)外(五)上(九)上

(廿三)張(卅四)上北(廿二)外(卅)北(卅四)外(卅九)上

上下卅(五十)外

周(卅六)下

(十六)梁魏書(十三)紀

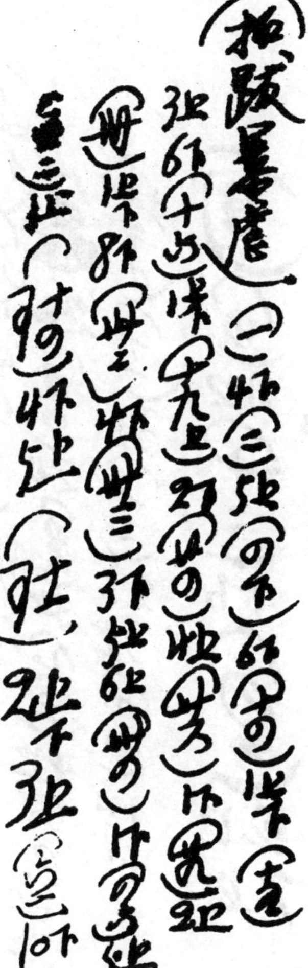

（文化）（十七）1下4上（十九上）1上9下（下）12下（廿上）3上（廿下）1上
（風俗）2下（五四）2上（四上）3上（七三）4上（八五）1上3上
（財産）（十一）3上（十三）2下3上（四四）1下
（國）（四）4上（十三）1下（四二）2上7上
（四三）1下3下

阿提拉

Attila 芬族 Huns or Enns之王

芬族兵 匈牙利 塞多似無 即加利無

芬族即竇憲所逐西匈奴種

欲考西域傳不能得 此是匈奴移至居蔥嶺西其王

匈侵已三世矣 奇名比無古字蹟校為證

Hirth 考定匈奴侵已卯 Hernae 實阿提拉之

廿年使三月李王封

九歲為西454至456

句踐已後無歲時來通聘

南面四百里即位年482

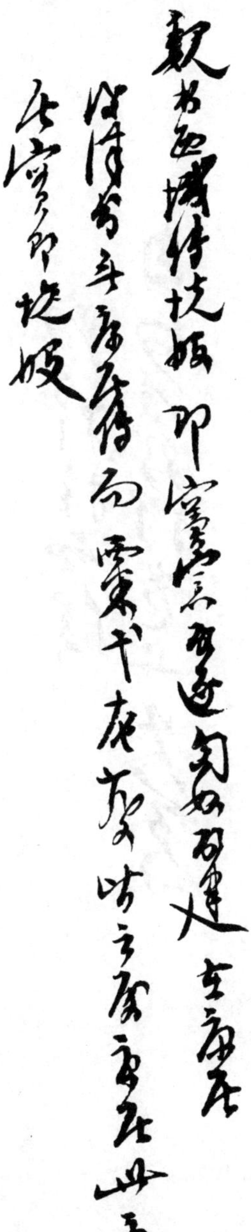

阿提拉西傳

匈奴傳發評卷上 共六頁

回

承送回高昌王世勳碑拓
[illegible]高昌謹[illegible]
[illegible]
[illegible]
金華道兄[illegible]

敬
[illegible]十六

の禽し但

被髮徒跣 漢書卷七下下上 八 九 我被髮 卷七上 五十一

漢書 議武帝用兵（卷六十三 [redacted] 武五子傳贊）

四裔

東胡名稱 中國民族史148

蒙＝康居 峨特＝粟特 奄蔡 阿蘭 拘奴西

從 237—239

晉初匈奴有赤勒種 繆氏謂即赤勒

舊五代以阿陀格祖西拔野古射闊∶ 石氏劉

氏舊唐不言西阿陀

烏程呂莫人

[illegible]

論衡考驗篇

音刀

匈奴单于屠[illegible]史以季[illegible]之盖子屠特若尸逐就单于某立 世凡
言其贵者失其名……东[illegible]无字六年……与汉相闻……桓
路[illegible]谓故[illegible]世[illegible]其名
[illegible]著呼徵立……光和……二年中郎将张
修与单于不相能修擅斩之更立右贤王羌渠为单于 [illegible]……[illegible]……[illegible]……
执……
[illegible]……中平四年……张纯……时……诏发南匈奴兵配幽州牧刘
虞讨之单于遣左贤王将骑诣幽州国人恐单于发兵无已五年右部
醢落与休著各胡白马铜等十余万人反攻杀单于……于扶罗[illegible]（持至尸逐侯单于）
~~扶罗立[illegible]人持[illegible]……单于~~
[illegible]书云[illegible]民[illegible]……一[illegible]须卜氏为
[illegible]……

（四書）

中國乃石勤論（字民平刑三法）

西觀之帝國圖書館寄贈書目（葉）

織田万氏俾乙甫氏　那久閑氏

（葉十二紙計）

神田郵局寄以重量十四斤（記上）

乃共致坂城本館（記上）寄到為荷

余來家務甲一種暗寄者也

周玉多阿史

周武帝阿史那后

廿年十月錄

（鮮卑）柴の九郎

辮髮隨乎作冠巾

宋邊本

民族

（魏书）（廿八頁下）（卅八·下上下）

顏氏家訓上9上

胡叔石勒是姓種類（100·9上）晉書

自如說人分之言（九三之上）

說代（[illegible]）

林[illegible]之莊周[illegible]之學（[illegible]下）

[illegible]

（[illegible]）[illegible]下　[illegible]上　九[illegible]下

[illegible]

（[illegible]）（卅三）[illegible]上 十[illegible]下

十二下 十三上 [illegible]

（[illegible]）（卅三）上下（卅三）上下

（[illegible]）（七五）[illegible]（卅二）十一下 十[illegible]

猾夏

晉書 101 2上 3上 102 2上（不敢仍劉蘇女）104 4下 5上 7下 105 1下 3上 107 1上 4上 5下

1上 3上 108 5上 ~~109~~ 3上 113 6下 7上 10上 114 3下 9上 12上 116 2上 3上 120 2上 122 1下

2下 126 2下 3上 128 4上 129 4下 130 4下

宋書 77 2下 74 2下

魏書 47 1下 6下

新五代史 17下 1下 唐 石晉 28 3上下 6下 9下 10下

猾夏

(廿籍)(三)〥下 (卅)〤下 〢上 (卅二)〢上下 (卅三)〦上 (卅五)〥上 (四)〤上 (四三)〥下

(四九)〡下 〢下 〢上 〤下

(卌安)(卌)〢上 (四五)〡〤下 〡上 (四四)〢下 (四六)〨上 (四四)〩下 (四八)〦上 〤下 〦上 (四二)〡上 (四四)〧上 (四八)〤下

(四六)〤上 〤上 (四)〢下 (四)〦上 (四)〥下 (五)〢上 (四七)〡下 〥下 (五三)〧下 (五四)〦上下 (五五)〨上下

(五六)〡上 (九三)〡下 〤上 (九三)〡下

北

中國人的化

齊書神武紀：神武既累世北邊，故習其俗，遂同鮮卑。案：六世祖隱，晉玄菟太守。隱生慶，慶生泰，泰生湖，三世仕慕容氏。及慕容寶敗，國亂，湖率衆歸魏。

北史馮跋……本出長樂信都。慕容永僭號，以跋父安為將。及永為垂所滅，安東徙昌黎，家於長谷，遂同夷俗。

五胡漢化

（北史）（卷）二上 二下（五五）十五下（四四）廿上（四四）十二下（四九）十下（四一）七下 六〇 廿下

唐代元行沖儒名 長孫無忌臣名 文苑謝偃本姓直勒氏●

五胡漢化

賓考（九五）上 31下 6下（九十五）上 9下 6上

（齊考）（卅）3下（五十五）6下（五十七）4上（五九）2下 5上

南史 集度（46）2下

（魏考）（一）2下（三）6上（三十六）

晏 子 嶋 民 王 了 都 一 王都

言 附 先 生 言 附 中 國 意 遊（三）6下（三十三）6下

晉書 12上（六）11上 卅の 上下 6下 22 2上（五三）上（五三）7上（六五）上 1上

（九五）2下

（北齊考）（卅）3上（卌）上 6下（十）8下

（周考）（卅）上（廿五）（七）9上（十）11上

五胡徙華人多改姓

晉書 122 1上 2上 3下 5下 124 1上 4上 126 5上 129 1上 130 4上

110 4上—5下 111 6上 112 2上 6下 113 1上 2下—3下 6上 8下 114 1上 12上—13下

115 3下 116 1下 2下 117 1上 4下 6上 119 1上 120 1下 4下 5上 121 2下—3下

105 4下 6下 8上 106 6上 107 2上 108 1上 2下 109 1上 5下 110 1上

附龔鍵之賀樸則來華中國之改姓如何 8上

赫連氏自稱夏，以晉書載記（130）3上 5上事與劉氏之自稱漢後可以參觀

皆出此時胡人莫有不自附于中國者

呂光託稱呂望

晉書呂光載記：「略陽氐人也。其先呂文和漢文帝初自沛避難從焉。」及光僭即三河王位，〔追尊之世〕其中書侍郎楊穎上疏請依三代故事，追尊呂望為始祖，永為不遷之廟，光從之。

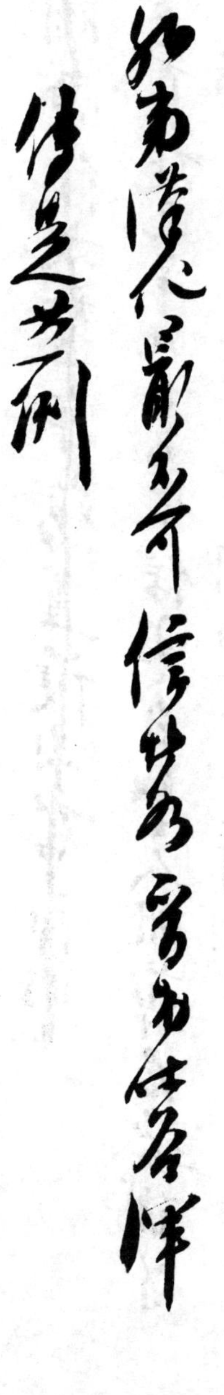

將尉寵收史郁繫市使右將軍□□周率步騎

[illegible]（上）

明帝紀太和五年，以□□□護匈奴中郎將

又青龍元年九月安定保塞匈奴大人胡薄居姿職等叛，司馬宣王遣將軍胡遵等追討破降之

單于於夫羅事見陳揭付（八·五上）

劉文謙 劉豹本郡 牟付（卷六上）

雷擇作三郡烏丸　三國志(一)10上—11上(十二)4下(廿六)4下—6上

代郡烏丸[illegible]　(三)上　代上谷烏丸[illegible](三)上

[illegible]遼西烏丸[illegible]附(三)下(廿六)2下

[illegible]遼西烏丸[illegible](一)上

閻柔[illegible]烏丸鮮卑(三)上下

[illegible]烏丸(三)下

[illegible]烏丸(三)下(廿六)上(十二)下

[illegible]烏丸鮮卑(廿六)上下

[illegible]烏丸[illegible]下

鮮卑丁零重譯而至 三國魏志一建安十八年策文

軻比能~~[illegible]~~軻比能步度根（魏志三）4下

鮮卑內附置遼東屬國立昌黎縣（魏志四）2下

并州鮮卑育延（十五）3下

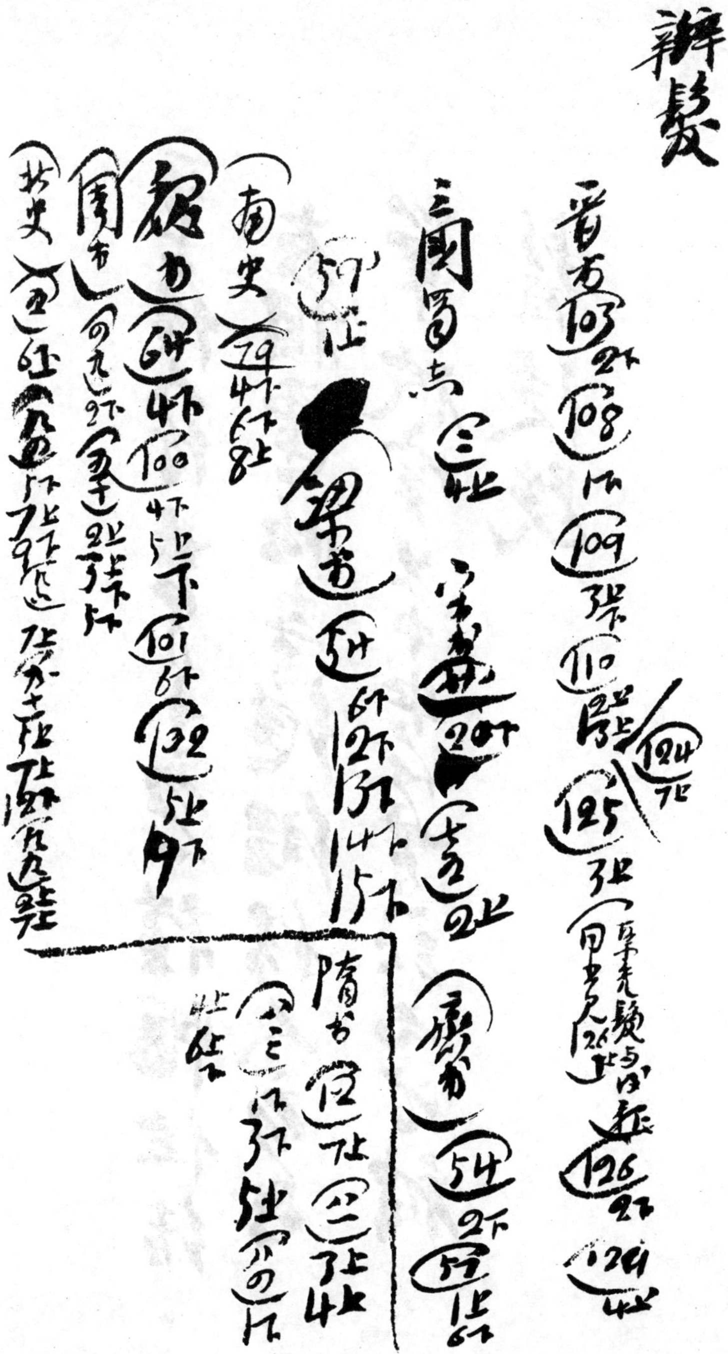
辮髮
晉書
三國蜀志
宋書
梁書
南史
魏書
周書
北史
隋書

晉書倭人傳其男子衣以橫幅但結束相連略無縫綴婦人衣如單被穿其中央以貫頭而皆被髮徒跣

東の

程鄭山東遷虜也亦冶鑄賈椎髻之民富埒卓氏俱居臨邛

[illegible]傳西南東边

南四

椎結

陸賈者楚人也（索隱案陳留風俗傳云陸氏春秋時陸渾國之後晉侯伐之故陸渾子奔楚賈其後又陸氏譜云齊宣公支子達食采於陸鄉號曰陸侯達生發發生皋適楚賈其孫也）以客從高祖定天下名爲有口辯士居左右常使諸侯及高祖時中國初定尉他平南越因王之（索隱趙他爲南越尉故曰尉他他音駝）高祖使陸賈賜尉他印爲南越王陸生至尉他魋結（集解服虔曰魋音椎今兵士椎頭結索隱魋直追反結音計謂爲髻一撮似椎而結之故字從結且案魋結二字依字讀之亦通謂夷人本被髮左衽今他同其風俗但魋其髮而結之也）箕倨見陸生

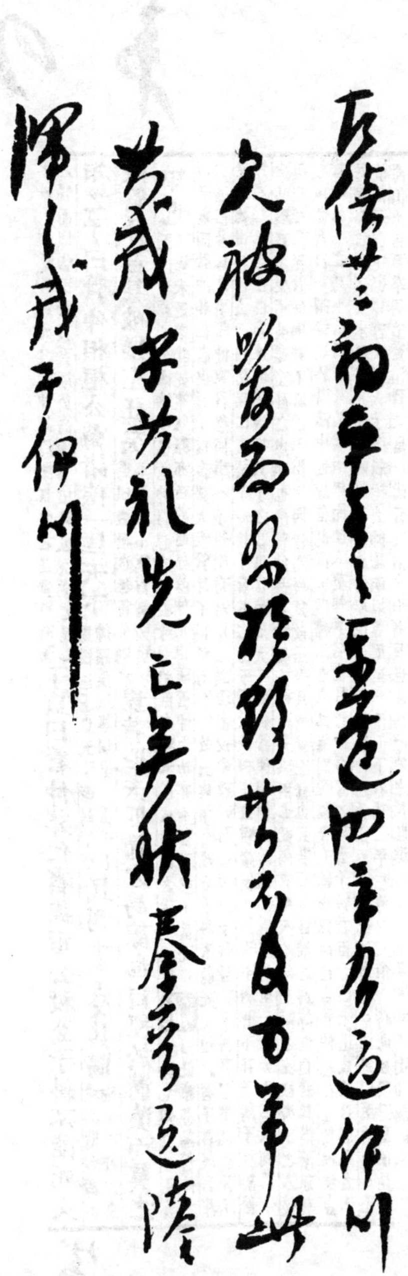

子糾子生竇召忽死之管仲請囚鮑叔受之及堂阜而脫之歸而以告曰管夷吾治於高傒使相可也公從之是也子貢曰管仲非仁者與桓公殺公子糾不能死又相之子曰管仲相桓公霸諸侯一匡天下馬曰匡正也天子微弱桓公帥諸侯以尊周室一正天下民到于今受其賜受其賜者爲不被髮左衽之惠微管仲吾其被髮左衽矣馬曰微無也無管仲則君不君臣不臣皆爲夷狄豈若匹夫匹婦之爲諒也自經於溝瀆而莫之知也王曰經經死於溝瀆中也管仲召忽之於公子糾君臣之義未正成故死之未足深嘉不死未足多非死事既難亦在於過厚故仲尼但美管仲之功亦不言召忽不當死

疏子貢至知也○正義曰此章亦論管仲之行子貢曰管仲非仁者與者子貢言齊大夫管仲不仁疑而未定故云與桓公殺公子糾不能死又相之者子貢既言非仁遂言非仁之事管仲與召忽同事公子糾則有君臣之義理當授命致死而齊桓公使魯殺公子糾召忽則死管仲不能致死復爲桓公之相是無仁心於子糾故子貢非之也子曰管仲相桓公霸諸侯一匡天下者此下孔子爲子貢說管仲之仁也匡正也霸把也諸侯把天子之政也言時周天子微弱管仲相桓公帥諸侯以尊周室一匡天下也民到於今受其賜者謂受不被髮左衽之惠賜也微管仲吾其被髮左衽矣者微無也衽謂衣衿衣衿向左謂之左衽夷狄之人被髮左衽言無管仲則君不君臣不臣中國皆爲夷狄故云吾其被髮左衽也豈若匹夫匹婦之爲諒也自經於溝瀆而莫之知也者自經謂經死於溝瀆中也諒信也匹夫匹婦謂庶人也無別妾媵惟夫婦相匹而已言管仲志在立功創業豈肯若庶人之爲小信自經死於溝瀆中而使人莫知其名也且管仲召忽之於公子糾君臣之義未正成故召忽死之未足深嘉管仲不死未足多非死事既難亦在於過厚故仲尼但美管仲之功亦不言召忽不當死○注馬曰至天下○正義曰云匡正也釋言文云天子微弱桓公帥諸侯以尊周室一正天下者成二年左傳云五伯之霸也杜預云夏伯昆吾商伯大彭豕韋周伯齊桓晉文是三代有五伯矣伯者長也言爲諸侯之長也鄭玄云天子衰諸侯興故曰霸霸把也言把持王者之政教故其字或作伯或作霸也是天子微弱桓公帥諸侯以尊周室一正天下故曰

の

被髮
海依七、五至人白民之國
六至長股之國
十六二至人肅慎
三至人櫢比

編髮

尚書大傳）武丁祭成而有飛雉升鼎耳而雊，武丁問諸祖己，祖己曰：雉者野鳥也，不當升鼎，今升鼎者，欲為用也。遠方將有來朝者乎？故武丁內反諸己，以思先王之道，三年編髮重譯來朝者六國。（藝文類聚鳥部、太平御覽九百十七羽族部四文，御覽八十三皇王部八文。論衡異虛篇祖己作祖乙。又後漢書郎顗傳注、記纂淵海卷十六）

（又）武丁之時外紀卷二此句上有成湯之後四字下有王道虧
三字国学纪闻卷二此句下有先王道刑罰犯七字
桑穀俱生於朝七日而大拱武丁召其相而問焉
其相曰吾雖知之吾不能言也問諸祖己曰桑
穀野艸也野艸生于朝亡乎武丁懼側身修
行思昔先王之政興滅國繼絕世舉逸民
明養老之禮重譯來朝者六國（注）九州之外國
也太平御覽八十三皇王部八引傳注推無注字七日以下十
一字○又冊府元龜又正義引七日下有拱四字又漢書五行志引
傳俱生於朝二句又外紀卷二記纂淵海卷六十六引又史記
殷本紀集解善節引又繹史十七引重譯上有三年之後四字

（尚書大傳輯校）東日外紀劉恕曰秦伏生劉向以武丁有桑穀而向著說苑以大戊武丁時俱有桑穀呂氏春秋以時穀生於庭比旦而大拱韓詩外傳三日而大拱皆與書序不同壽祺案尚書咸乂正義引帝王世紀亦以為大戊事[redacted]

祖乙。又後漢書郎顗傳注記纂聞海卷十六

疏〻条

北族多〻辮髮惟匈奴則似椎髻漢書李廣蘇建傳「昭帝立大將軍霍光左將軍上官桀輔政素與陵善遣陵故人隴西任立政等三人俱至匈奴招陵後陵律衛律持牛酒勞漢使博飲兩人皆胡服椎結立政大言曰漢已大赦中國安樂主上富于春秋霍子孟上官少叔用事以此言微動之陵墨不應孰視而自循其髮曰我已胡服矣明椎髻為匈奴俗也或曰文帝前六年遣單于有比疏一史記作比余師古曰「辮髮之飾也以金為之」此實匈

奴辮髮之證。後得蓋亦忍欵之故，猶稚髻者也。曰我已胡服明髮，未嘗如胡也。案此蹟即笄比稚吉今字不必辮髮然後可爲師吉之說，似覩當時北族辮髮以意言之。朝鮮列傳謂衛滿椎結蠻夷服東走出塞，明是一時塞北蠻夷多椎結，而豈亦有所不忍於

北史悅般傳謂其翦髮齊眉。又云「其人清潔，與蠕蠕結好，其王嘗將數千人入蠕蠕，欲與大檀相見」，入其界百餘里，見其部人不浣衣，不絆髮，不洗手，婦人口舐器物。王謂其從臣曰「汝曹誑我將我入此狗國」，乃馳還。不絆髮即辮髮之謂，辮髮即被髮也。從古西域多祝淸，北族則否。披髮西從後，蓋已漸染西域之俗。然絆髮當係匈奴之舊，翦髮齊眉不知爲匈奴俗否，若然則兩似中國之兩髦矣。又匈奴之法，漢使不去節，不以墨黥面不得入穹廬，蓋以以墨黥面爲示辱之意也。

昭由大北公司建設二千八百餘吉海電纜及黃龍頭鍾虞之架

陸漢至恰克圖、、、舊道相接於龍頭接線之點　敬又示

到界後需要時樟樹代為半以後接之線至陸地墜

接線點早一日加緊因是鐵龍頭接線近

出於鮮卑，別種蓋本屬南匈奴
謂之宇文，東部于鮮卑人，魁德年東胤
為東塞之人也，塞

史記西南夷傳　西南夷……地方可數千里

遼史儀衛志　太宗入晉之後皇帝與南班
漢官用漢服太后與北班契丹臣僚用國服
太宗本紀會同三年十二月丙寅詔契丹人授
漢官者從漢儀聽與漢人婚姻

漢多物貨賤東狄之人貪為豺狼被髮
左衽人面獸心

三國魏志注引魏書

後漢書烏桓傳以髡頭為輕便婦人至嫁時乃養髮分為

髻著句決飾以金碧猶中國

有簂步搖也

鮮卑傳其言語習俗與烏桓同惟婚姻先髡頭

以季春月大會饒樂水上飲讌畢然後配合

將嫁[illegible]髡頭

鮮卑見魏志三十・九下

民族皆

10 24

二、同志了！

晉書肅慎傳俗皆編髮

君在俗得把名金花為首飾辮髮

北史倭傳以珠貝

家方伯石渠侍贊辭髮稱賀謙為

籌見

句未叙

馬門也【索隱】按天子門有兵欄曰司馬門也趙高不見有不信之心長史欣恐還走其軍不敢出故道【正義】走音奏趙高果使人追之不及欣至軍報曰趙高用事於中下無可爲者今戰能勝高必疾妒吾功戰不能勝不免於死願將軍孰計之陳餘亦遺章邯書曰白起爲秦將南征鄢郢北阬馬服【索隱】韋昭云趙奢子括也代奢爲馬服崔浩云馬服趙官名言服武事攻城畧地不可勝計而竟賜死蒙恬爲秦將北逐戎人開榆中地數千里【索隱】服虔云金城縣所治蘇林曰在上郡崔浩云蒙恬樹榆爲塞也竟斬陽周【集解】孟康曰縣名地屬上郡【正義】括地志云寧州羅川縣在州東南七十里漢陽周縣何者功多秦不能盡封因以法誅之今將軍爲秦將三歲矣所亡失以十萬數而諸侯並起滋益多彼趙高素諛日久今事急亦恐二

乾隆四年校刊

史記卷七 項羽本紀

四十三

通鑑論乃作世情戰以墨兵心所歸而後兵卻十里 七百

修空

匈奴

一　安定高〻平[illegible]二年「[illegible][illegible]何上塞」　請[illegible][illegible][illegible]百

「[illegible]為太曰是見[illegible][illegible][illegible]廿[illegible][illegible][illegible][illegible]上塞」　[illegible]

[illegible]許時[illegible]陋地[illegible][illegible][illegible][illegible][illegible][illegible][illegible][illegible]

四周[illegible]平樂塞　請加作　樂[illegible]塞

三師古曰五鼎亨之謂被鑊亨之誅吾日暮故倒行逆施之師古曰暮言年齒老也倒行逆施謂不遵常理此語本出伍子胥偃盛言朔方地肥饒外阻河蒙恬築城以逐匈奴內省轉輸戍漕廣中國滅胡之本也上覽其說下公卿議皆言不便公孫弘曰秦時嘗發三十萬衆築北河終不可就師古曰就成也已而棄之朱買臣難詘弘遂置朔方本偃計也元朔中偃言齊王內有淫失之行師古曰失讀曰佚佚音尹一反上拜偃爲齊相至齊徧

計

之

主父偃……

……主父偃傳 史記

其辭曰臣聞明

主不惡切諫以博觀忠臣不敢避重誅以直諫是故事無遺策而功流萬世今臣不敢隱忠避死以效愚計願陛下幸赦而少察之司馬法曰國雖大好戰必亡天下雖平忘戰必危天下既平天子大凱【集解】應劭曰大凱周禮還師振旅之樂春蒐秋獮諸侯春振旅秋治兵所以不忘戰也【集解】宋均曰春秋少陽少陰氣弱未全致人功而役用上應法之教而後成宗仁本義天子諸侯必春秋講武簡閱車徒以順時氣不忘戰也且夫怒者逆德也兵者凶器也爭者末節也古之人君一怒必伏尸流血故聖王重行之夫務戰勝窮武事者未有不悔者也昔秦皇帝任戰勝之威蠶食天下并吞戰國海內為一功齊三代務勝不休欲攻匈奴李斯諫曰不可夫匈奴無城郭之居委積之守遷徙鳥舉難得而制也輕兵深入糧食必絕踵糧以行重不及事得其地不足以為利也遇其民不可役而守也勝必殺之非民父母也靡敝中國快心匈奴非長策也【索隱】靡音糜敝猶罷敝也秦皇帝不聽遂使蒙恬將兵攻胡辟地千里以河為境地固澤【集解】徐廣曰一作斥鹹鹵【集解】瓚曰其地多水澤又有鹵不生五穀然後發天下丁男以守北河暴兵露師十有餘年死者不可勝數終不能踰河而北是豈人眾不足兵革不備哉其勢不可也又使天下蜚芻輓粟【集解】文穎曰轉芻穀疾飛是也起於東腄【集解】徐廣曰腄在東萊音錘【索隱】腄音逐瑞反注音縋其音同也琅邪負海之郡轉輸北河率三十鍾而致一石男子疾耕不足於糧餉女子紡績不足於帷幕百姓靡敝孤寡老弱不能相養道路死者相望蓋天下始畔秦也及至高皇帝定天下略地於邊聞匈奴聚於代谷之外而欲擊之御史成進諫曰不可夫匈奴之性獸聚而鳥散從之如搏影今以陛下盛德攻匈奴臣竊危之高帝不聽遂北至於代谷果有平城之圍高皇帝蓋悔之甚乃使劉敬往結和親之約然後天下忘干戈之事故兵法曰興師十萬日費千金夫秦常積眾暴兵數十萬人雖有覆軍殺將係虜單于之功亦適足以結怨深讎不足以償天下之費夫上虛府庫下敝百姓甘心於外國非完事也夫匈奴難得而制非一世也行盜侵驅所以為業也天性固然上及虞夏殷周固弗程督禽獸畜之不屬為人夫上不觀虞夏殷周之統而下循近世之失此臣之所大憂百姓之所疾苦也且夫兵久則變生事苦則慮易乃使邊境之民靡敝愁苦而有離心將吏相疑而外市【集解】張晏曰與外國交求利己若章邯之比故尉佗章邯得以成其私也夫秦政之所以不行者權分乎二子此得失之效也故周書曰安危在出令存亡在所用願陛下詳察之少加意而熟慮焉（主父偃）

嚴安上

書曰臣聞周有天下其治三百餘歲成康其隆也刑錯四十餘年而不用及其衰也亦三百餘歲故五伯更起五伯者常佐天子興利除害誅暴禁邪匡正海內以尊天子五伯既沒賢聖莫續天子孤弱號令不行諸侯恣行彊陵弱衆暴寡田常篡齊六卿分晉並爲戰國此民之始苦也於是彊國務攻弱國備守合從連橫馳車擊轂介胄生蟣蝨民無所告愬及至秦王蠶食天下并吞戰國稱號曰皇帝一海內之政壞諸侯之城銷其兵鑄以爲鍾虡〔索隱〕虡音巨鄒氏本作鐻音同示不復用元元黎民得免於戰國逢明天子人人自以爲更生嚮使秦緩其刑罰薄賦斂省繇役貴仁義賤權利上篤厚下智巧〔索隱〕上猶尚也貴也下謂以智巧爲下也變風易俗化於海內則世世必安矣秦不行是風而脩其故俗爲智巧權利者進篤厚忠信者退法嚴政峻諂諛者衆日聞其美意廣心軼欲肆威海外乃使蒙恬將兵以北攻胡辟地進境戍於北河蜚芻輓粟以隨其後又使尉佗屠睢〔索隱〕秦尉官也佗趙佗也音徒何反屠睢人姓名睢音雖將樓船之士南攻百越使監祿〔集解〕韋昭曰監御史名祿也鑿渠運糧深入越越人遁逃曠日持久糧食絶乏越人擊之秦兵大敗秦乃使尉佗將卒以戍越當是時秦禍北構於胡南挂於越宿兵無用之地進而不得退行十餘年丁男被甲丁女轉輸苦不聊生自經於道樹死者相望及秦皇帝崩天下大叛陳勝吳廣舉陳〔索隱〕謂勝廣舉兵據陳舉音如字或音據恐非也下同武臣張耳舉趙項梁舉吳田儋舉齊景駒舉郢周市舉魏韓廣舉燕窮山通谷豪士並起不可勝載也然皆非公侯之後非長官之吏也無尺寸之勢起閭巷杖棘矜應時而皆動不謀而俱起不約而同會壤長地進〔集解〕張晏曰壤地進益也至於霸王時教使然也秦貴爲天子富有天下滅世絶祀者窮兵之禍也故周失之弱秦失之彊不變之患也今欲招南夷朝夜郎降羌僰略濊州〔集解〕如淳曰東夷也〔索隱〕僰音白北反又皮逼反濊州地名即古濊貊國也音紆廢反建城邑深入匈奴燔其龍城〔索隱〕匈奴城名音龍燔音煩燔燒也議者美之此人臣之利也非天下之長策也今中國無狗吠之驚而外累於遠方之備靡敝國家非所以子民也行無窮之欲甘心快意結怨於匈奴非所以安邊也禍結而不解兵休而復起近者愁苦遠者驚駭非所以持久也今天下鍛甲砥劍橋箭累弦轉輸運糧未見休時此天下之所共憂也夫兵久而變起事煩而慮生

史記之稱嚴安後人所追改也　又使尉佗屠睢將樓船之士南攻百越○臣照按淮南子人間訓曰秦皇利越之犀角象齒翡翠珠璣乃使尉屠睢發卒五十萬爲五軍則此佗字疑衍　弦爲舉首○王若虛辨惑曰舉首下意似不足豈有闕文乎

今甘肅

樓煩　漢亦為縣，地在今代州雁門關北，據戰國的林胡樓煩地甚廣，屬雁門郡。而陰館縣又有樓煩鄉。然戰國時林胡、樓煩占地甚廣。史記趙世家武靈王西略胡地，至榆中。林胡王獻馬。又遇樓煩王於西河而致其兵。匈奴列傳謂冒頓西并樓煩、白羊河南王。衛青取河南，亦擊樓煩、白羊王。則自代以北至河南，皆林胡、樓煩之地。大約自此之北乃為匈奴。匈奴較林胡、樓煩為遠，所以未為中國所并。

東胡　山戎見前

磨
[索隱]漢志同表作[illegible]歷縣在信都劉氏依字讀言天下地名多既無定據但依字是不決之詞地之與邑並無磿誤也
以趙衛將軍漢王三年從起盧奴擊項羽敖倉下爲將軍攻臧荼有功侯千戶
八年十月癸酉簡侯程黑元年
五
七
二
三年孝侯釐元年
六十六
後元年侯竈元年
七七
中元元年竈有罪國除
九十二

宋子
[索隱]漢志宋子縣屬鉅鹿
以漢三年以趙羽林將初從擊定諸侯功比磨侯五百四十戶
八年十二月丁卯惠侯許瘛元年瘛音充志反
[索隱]瘛音尺制反郭璞音胡計反亦作瘛字林音巨月反
四
十二年共侯不疑元年
一
七
八
九
十年侯九元年
十四
八
~~中元二年侯九坐買塞外禁物罪國除~~
九十九

北

~~肅慎古~~

月氏　隨羅　鮮卑東胡

雲孚　匈奴　樗牢蒙

漢遣匈奴數

魏書吐谷渾傳慕璝表求賞錫「太尉」長孫嵩及議郎博士二百七十九人議……自漢魏以來撫接荒遐匈奴故事呂后遺單于御車二乘馬二駟單于答馬千匹其後匈奴和親敵國遣使繁多過數百呼韓邪稱臣……自以稱特至萬達

初元五 [illegible]

元元失望上感皇天陰陽爲變咎流萬民朕甚懼之迺者關東連遭災害饑寒疾疫夭不終命○宋祁曰刊誤改夭作天詩不云乎凡民有喪匍匐救之師古曰邶國谷風之詩也言見人有喪禍之事盡力以救之匍音步扶反匐音步得反其令大官毋日殺師古曰不得日日宰殺所具各減半師古曰具食具也乘輿秣馬無之正事而已師古曰秣養也以粟秣食之也正事謂駕供郊祀蒐狩之事非游田者也秣音末罷角抵上林宮館希御幸者齊三服官李斐曰齊國舊有三服之官春獻冠幘縰爲首服紈素爲冬服輕綃爲夏服凡三如淳曰地理志曰齊冠帶天下胡公曰服官主作文繡以給袞龍之服地理志云襄邑亦有服官師古曰齊三服官李說是也縰與纚同音山爾反即今之方目紗也紈素今之絹也輕綃今之輕紗也襄邑自出文繡非齊三服也北假田官李斐曰主假賃見官田與民收其假稅也故置田農之官晉灼曰匈奴傳秦始皇渡河據陽山北假中王莽傳五原北假膏壤殖穀北假地名師古曰晉說是也○宋祁曰田官一本作官田非鹽鐵官常平倉博士

[illegible]

史記樊酈滕灌列傳

以將軍從高祖攻反韓王信於代自霍人以往[正義]先果反又蘇果反又山寡反杜預云霍人晉邑也霍人當作葰地理志云葰人縣屬太原郡括地志云葰人故城在代州繁畤縣界也至雲中[正義]雲中郡皆朔州善陽縣北三百八十里定襄故城是也與絳侯等共定之益食千五百戶因擊陳豨與曼丘臣軍[集解]徐廣曰一作甯字戰襄國[正義]邢州城破柏人[正義]邢州縣先登降定清河常山凡二十七縣殘[集解]張晏曰殘有所毀也瓚曰殘謂多所殺傷也孟子曰害義謂之殘東垣遷為左丞相破得綦毋卬尹潘軍於無終廣昌[正義]在蔚州飛狐縣北七里破豨別將胡人王黃軍於代南因擊韓信軍於參合[正義]在朔州定襄縣界軍所將卒斬韓信破豨胡騎橫谷[正義]谷音欲蓋在代斬將軍趙既虜代丞相馮梁守孫奮大將王黃將軍太卜解福[正義]人姓名等十人與諸將共定代鄉邑七十三其後燕王盧綰反噲以相國擊盧綰破其丞相抵薊南[索隱]抵音丁禮反抵訓至一云抵者丞相之名定燕地凡縣十八鄉邑五十一益食邑千三百戶定食舞陽五千

樊噲

漢王立為帝其秋燕王臧荼反嬰以太僕從擊荼明年從至陳取楚王信更食汝陰剖符世世勿絕以太僕從擊代至武泉雲中[索隱]地理志武泉屬雲中[正義]二縣在朔州善陽縣界益食千戶因從擊韓信軍胡騎晉陽旁大破之追北至平城為胡所圍七日不得通高帝使使厚遺閼氏冒頓開圍一角高帝出欲馳嬰固徐行弩皆持滿外向卒得脫益食嬰細陽千戶[索隱]地理志屬汝南復以太僕從擊胡騎句注北大破之以太僕擊胡騎平城南三陷陳功為多賜所奪邑五百戶[集解]駰案漢書音義曰時有罪過奪邑者以賜之以太僕擊陳豨黥布軍陷陳卻敵益食千戶定食汝陰六千九百戶除前所食嬰自

夏侯嬰

吳豫章會稽郡還定淮北凡五十二縣漢王立為皇帝賜益嬰邑三千戶其秋以車騎將軍從擊破燕王臧荼明年從至陳取楚王信還剖符世世勿絕食潁陰二千五百戶號曰潁陰侯以車騎將軍從擊反韓王信於代至馬邑受詔別降樓煩以北六縣斬代左相破胡騎於武泉北[正義]縣名在朔州北一百二十里復從擊韓信胡騎晉陽下所將卒斬胡白題將一人[集解]服虔曰胡名也受詔并將燕趙齊梁楚車騎擊破胡騎於硰石[集解]服虔曰硰音沙[索隱]劉氏音千臥反至平城為胡所圍從還軍東垣從擊陳豨受詔別攻豨丞相侯敞軍曲逆下破之卒斬敞及特將五人[集解]文穎曰特一之特也降曲逆盧奴上曲陽安國安平[正義]盧奴定州安喜縣是曲陽定州曲陽縣是安平定州安平縣攻下東垣

灌嬰

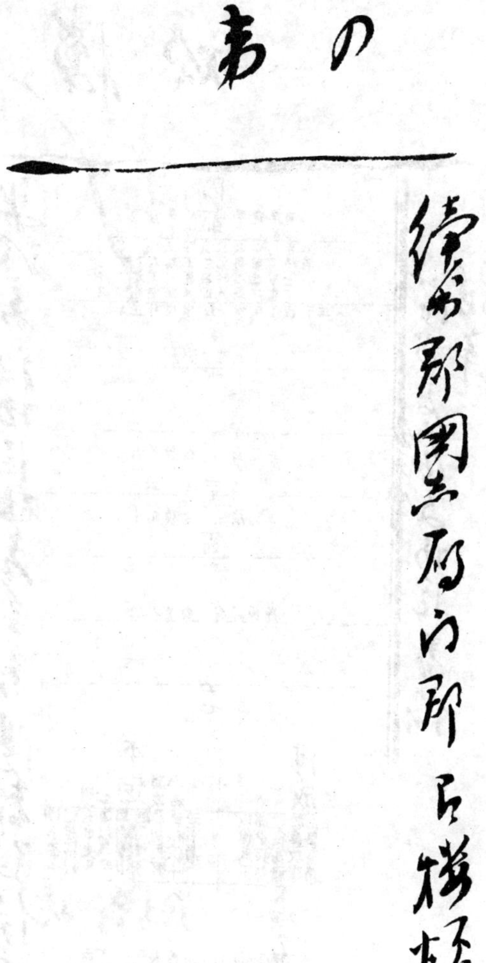

薛 樓 於

史記高祖功臣侯者年表陽都敬侯丁復以趙將從

漢書高惠高后文功臣表作

鮦陽

陽都
【索隱】縣名，屬城陽。
以趙將從起鄴，至霸上，爲樓煩將，入漢，定三秦，別降翟王，屬悼武王，殺龍且彭城，爲大司馬；破羽軍葉，拜爲將軍，忠臣。侯，七千八百戶。
六年正月戊申，敬侯丁復元年。
七
【索隱】復音伏。
七
五
六年，趙侯寧元年。
三
九
十年，侯安成元年。
十四
一
二年，侯安成有罪，國除。
十七

平定
【索隱】漢志闕。
以卒從高祖起留，以家車吏入漢，以梟騎都尉擊項籍，得樓煩將功，用齊丞相侯，十
元年四月乙酉，敬侯齊受元年。
八
二年，齊侯市人元年。
十四
六年，恭侯應元年。
十八
十六
元光二年，康侯延居元年。
七
元鼎二年，侯昌元年。
十六
元鼎四年，侯昌有罪，國除。
二

因本作 敬

博成
以悼武王郎中兵初起，從高祖起豐，攻雍丘，擊項籍
元年四月乙酉
三
四年
四
八年，侯代
史

無益但益怨耳羽從之迺使人謂漢王曰天下匈匈徒以吾兩人師古曰匈匈讙擾之意也他皆類此願與王挑戰決雌雄毋徒罷天下父子爲也師古曰罷讀曰疲漢王笑謝曰吾寧鬭智不能鬭力羽令壯士出挑戰漢有善騎射曰樓煩應劭曰樓煩胡人也李奇曰樓煩縣名其人善騎射故名射士爲樓煩取其美稱耳未必樓煩人也師古曰李說是也○劉攽曰如淳無姓樓者乃楚挑戰三合樓煩輒射殺之羽大怒自被甲持戟挑戰樓煩欲射羽瞋目叱之師古曰瞋張目也音充人反樓煩目不能視手不能發走還入壁不敢復出漢王使間問之迺羽也師古曰間微問之也漢王大驚於是羽與漢王相與臨廣武

樓煩將

受詔別擊楚軍後絕其餉道起陽武至襄邑擊項羽之將項冠於魯下破之所將卒斬右司馬騎將各一人【集解】張晏曰主右方之馬左亦如之擊破柘公王武軍於燕西【集解】徐廣曰柘屬陳【索隱】柘武柘縣令也【正義】柘屬淮陽國按滑州胙城本南燕國也所將卒斬樓煩將五人【集解】李奇曰樓煩縣名其人善騎射故以名射士爲樓煩取其美稱未必樓煩人也張晏曰樓煩胡國名連尹一人【集解】張晏曰大夫楚官【索隱】案左傳莫敖連尹宮廄尹是擊王武別將桓嬰白馬下破之所將卒斬都尉一人以騎渡河南送漢王到雒陽使北迎相國韓信軍於邯鄲還至敖倉嬰遷爲御史大夫三年以列侯食邑杜平鄉以御史大夫受詔將郎中騎兵東屬相國韓信擊破齊軍於歷下所將卒虜車騎將軍華毋傷及將吏四十六人降下臨菑得齊守相田光追齊相田橫至嬴博破其騎所將卒斬騎將一人生得騎將四人攻下嬴博破齊將軍田吸於千乘所將卒斬吸東從韓信攻龍且留公於高密【索隱】留縣令稱公旋其名高密縣名在北海漢書作假密假密地名不知所在未知孰是耳【正義】留縣在沛郡公其令卒斬龍且【集解】文穎曰所將卒生得右司馬連尹各一人樓煩將十人身生得亞將周蘭齊地已定韓信自立爲齊王使嬰別將擊楚將公杲於魯北破之轉南破薛郡長身虜騎將一人攻博陽前至下相以東南僮取慮徐【索隱】取音秋慮音閭取又音趨僮徐是二縣取慮是一縣名度淮盡降其城邑至廣陵【集解】駰案漢書音義曰住廣陵以禦敵【正義】謂從下相以東南盡降城邑乃至廣陵皆平定也項羽使項聲薛公郯公復定淮北嬰渡淮北擊破項聲郯公下邳【正義】郯音談東海縣斬薛公下下邳擊破楚騎於平陽【索隱】小顏云此平陽在東郡地理志太山有東平陽縣【正義】南平陽縣城今兗州鄒縣也在兗州東南六十二里按鄒縣去徐州滕縣界四十餘里也遂降彭城虜柱國項佗降留薛沛酇蕭相攻苦譙【正義】戶焦音復得亞將周蘭與漢王會頤鄉【集解】徐廣曰苦縣有頤鄉【索隱】音以之反從擊項籍軍於陳下破之所將卒斬樓煩將二人虜騎將八人賜益食邑二千五百戶項籍敗垓下去也嬰以御史大夫受詔將車騎別追項籍至東城【正義】東城在濠州定遠縣東南五十五里破之所將卒五人共斬項籍皆賜爵列侯降左右司馬各一人卒萬二千人盡得其軍將吏下東城歷陽【正義】和州歷陽縣即今和州城是也渡江破吳郡長吳下【集解】如淳曰雄長亡長也【索隱】下有郡守此長即令也如淳以爲雄長非也【正義】令蘇州也案如說非也吳郡即吳縣守也一破吳郡長兵於吳城下而得吳郡守身也得吳守遂定

史記樊酈滕灌列傳

……將樓煩將三人

嬰為中大夫令李必駱甲為左右校尉將郎中騎兵擊楚騎於滎陽東大破之受詔別擊楚軍後絕其饟道（師古曰饟古餉字）起陽武至襄邑擊項羽之將項冠於魯下破之所將卒斬右司馬騎將各一人（張晏曰主右方之馬左亦如之晉灼曰下所謂左右千人之騎○宋祁曰淳化本作左右馬令越本無左字疑馬字上有司字不當去左字陽夏公注觀云以注觀當有左字）擊破柘公王武軍燕西（師古曰柘縣名公者柘之令也王武其人姓名也燕亦縣名古南燕國也音一千反）所將卒斬樓煩將五人（李奇曰樓煩縣名其人善騎射故名射士為樓煩取其稱也師古曰解在項羽傳）連尹一人（蘇林曰楚官也）擊王武別將桓嬰白馬下破之所將卒斬都尉一人以騎度河南送漢王到雒陽從北迎相國韓信軍於邯鄲還至敖倉嬰遷為御史大夫三年以列侯食邑杜平鄉（○劉奉世曰前已為列侯食杜平鄉矣疑衍出）受詔將郎中騎兵東屬相國韓信擊破齊軍於歷下所將卒虜車騎將軍華毋傷（師古曰華音下化反）及將吏四十六人降下臨淄得相田光追齊相田橫至嬴博（師古曰二縣名）擊破其騎所將卒斬騎將一人生得騎將四人攻下嬴博破齊將軍田吸於千乘斬之東從韓信攻龍且留公於假密（師古曰留縣名公留令也敗龍且及留令於假密）卒斬龍且（師古曰嬰所將之卒也其下亦同）生得右司馬連尹各一人樓煩將十人身生得亞將周蘭（師古曰亞次也）齊地已定韓信自立為齊王使嬰別將擊楚將公杲於魯北破之轉南破薛郡長（師古曰長亦如郡守也時每郡置長）身虜騎將入

乾隆四年校刊　前漢書卷四十一　列傳　三十九

攻博陽前至下相以東南僮取慮徐（師古曰僮及取慮及徐三縣名也取音趨又音秋慮音廬）度淮盡降其城邑至廣陵（蘇林曰別將兵屯廣陵也師古曰此說非也謂從下相以東南盡降城邑乃至廣陵皆平定）項羽使項聲薛公郯公復定淮北嬰度淮擊破項聲郯公下邳斬薛公下下邳壽春擊破楚騎平陽（師古曰此平陽在東郡）遂降彭城虜柱國項佗（師古曰佗音徒何反）降留薛沛酇蕭相（師古曰凡六縣也酇音才何反）攻苦譙（師古曰二縣也）復得亞將與漢王會頤鄉從擊項籍軍陳下破之所將卒斬樓煩將二人虜將八人賜益食邑二千五百戶項籍敗垓下去也嬰以御史大夫將車騎別追項籍至東城破之所將卒五人共斬項籍皆賜爵列侯降左右司馬各一人卒萬二千人盡得其軍將吏下東城歷陽度江破吳郡長吳下

弟四

將

軍從高帝擊反韓王信於代降下霍人【索隱】蕭該云左傳以偪陽[illegible]縣諸霍人杜預云晉邑也或作[illegible]【正義】[illegible]音瑣又音蘇寡反顏師古云音山寡反按霍字當作葰地理志云葰人縣屬太原郡括地志云

葰人故城在代州繁畤縣界漢葰人縣也按樊噲列傳作靃人其音亦同以前至武泉【集解】徐廣曰屬雲中【正義】括地志云武泉故城在[illegible]北二百二十里擊胡騎破之武泉北轉攻韓信軍銅

鞮破之【正義】括地志云銅鞮故城在潞州銅鞮縣東十五里州西八十五里在并州東南也還降太原六城【正義】并州縣從銅鞮還降六城也擊韓信胡騎晉陽下破之下晉陽後擊

韓信軍於硰石破之【集解】應劭曰硰音沙或曰地名【索隱】音[illegible]音亦麼反【正義】按在樓煩縣西北追北八十里還攻樓煩三城【正義】地理志云在鴈門郡括地志云在并州崞縣界因擊

胡騎平城下【正義】地理志云在鴈門郡括地志云朔州定襄本漢平城縣也所將卒當馳道為多勃遷為太尉擊陳豨屠馬邑所將卒斬豨將軍乘馬絺

【集解】徐廣曰[illegible]乘馬【索隱】絺名也乘音始證反擊韓信陳豨趙利軍於樓煩破之得豨將宋最鴈門守圂【索隱】圂守之名音胡困反因轉攻得雲中守遬【索隱】音速

【正義】括地志云雲中故城在勝州榆林縣東北四十里秦雲中郡丞相箕肆將勳【集解】徐廣曰箕一作冀勳一作專一作轉【索隱】劉氏肆音如字包愷音以四反漢書[illegible]誤耳定鴈門郡十七縣

雲中郡十二縣因復擊豨靈丘破之【索隱】地理志縣名屬代郡【正義】括地志云靈丘故城在蔚州靈丘縣東十里漢縣也斬豨得豨丞相程縱將軍陳武都尉高肆

定代郡九縣燕王盧綰反勃以相國代樊噲將擊下薊得綰大將抵丞相偃守陘【集解】張晏曰盧綰郡守陘其名太尉弱御史大夫施屠

渾都【集解】徐廣曰在上谷【索隱】[illegible]名也屠滅之也地理志渾都縣屬上谷云御史大夫姓施屠名渾都【正義】括地志云幽州昌平縣本漢渾都縣破綰軍上蘭【正義】括地志云[illegible]嬀州懷戎縣東北有馬蘭溪水[illegible]復擊

破綰軍沮陽【集解】徐廣曰在上谷【索隱】沮音阻按地理志沮陽縣屬上谷【正義】括地志云上谷郡故城在嬀州懷戎縣東北百一十里燕上谷秦因不改漢為沮陽縣追至長城【正義】[illegible]長城亦名[illegible]

長城在嬀州北今是定上谷十二縣右北平十六縣遼西遼東二十九縣漁陽二十二縣最從高帝【索隱】最都凡也謂總舉其從高祖攻戰克獲之文也得

鮮卑

楚辭（下）七

第八

續書所聞雲中所 河南 陸一擊烏桓有蘭池

城烏桓之圍耿畢知

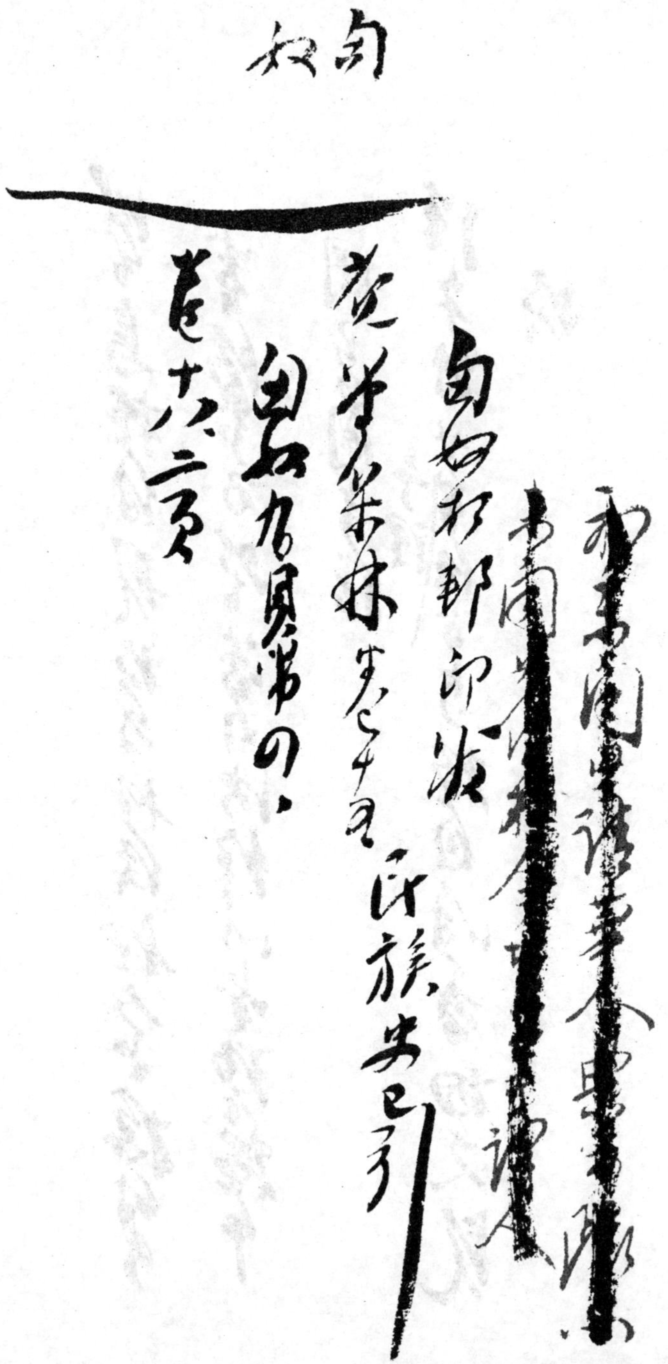

學易相傳現將為輯後在今搖付書
吉語多可替黃自法錄以會珍藏橫中
國民前開專程
傳令待芸藝從兵與相自修書摘文人題
吹

四裔一北

郅支單于首於杜勳 見漢書七〇陳湯傳

漢書一七景武昭宣元成功臣表「亞谷簡侯盧它之以匈奴東胡王降侯……故燕王綰子」勉秦東胡似亦服屬匈奴者 宜入續付（四〇八參看考證）

武威休屠地此據此形也見地理志

樹頭（漢作樹頭昆 九四上一上）

淳維舊國塞（漢九五上）指宗族匈奴李將軍傳稱見言之文便之言 下文言此亦指築城有戍備（六〇下八）

衛律為丁零王（漢五四下）

挑蘭匈奴中姓也今鮮卑白是蘭姓也即史稱也（漢五五上）

四第一——廿二

單于去右中渠入匈奴

[redacted]燒其龍城（漢六四下廿上）

胡兵五當漢一，後三當漢一（漢陳湯傳七十下）

北擊伊列（漢陳湯傳七十下）

五鳳中或欲滅匈奴，蕭望之主存之（漢蕭望之傳七八下）

閩濮北方國名（漢揚雄傳注八七下廿）

東胡見漢初（九九中45上10上）

王莽改匈奴見（九九中7上9上卅下）

の

黄帝〻擇日松筠〻生敬

富德大兵〻二頁〻

作偪逼力反字林偪迫也 士無常君國亡定臣得士者富失士者貧矯翼厲翮恣意所存 師古曰言來去如鳥之飛各任所息也○宋祁曰注文任當作止 故士或自盛以

橐或鑿坏以遁 應劭曰自盛以橐謂范雎也鑿坏謂顏闔也魯君聞顏闔賢欲以爲相使者往聘因鑿後垣而亡坏壁也蘇林曰坏音陪師古曰又音普回反○蕭該音義曰後垣該案作後坏 是故騶衍以頡亢而

取世資 應劭曰衍齊人也著書所言皆大事故齊人曰談天衍遊諸侯所言則以爲迂闊遠於事情然終不屈書仕於齊位至卿師古曰頡亢上下不定也頡音下結反亢音胡浪反○宋祁曰吾本頡旁從手音羊今不用李善云頡亢奇怪之辭

孟軻雖連蹇猶爲萬乘師 張晏曰連蹇難也言值世之屯難也師古曰連音輦 今大漢左東海 應劭曰會稽東海也 右渠搜 服虔曰西戎國也應劭曰禹貢析支渠搜屬雍州在金城河關之西 前番

禺 應劭曰番禺南海郡張晏曰南越王都也 後陶塗 如淳曰小國也師古曰騊駼馬出北海上今此云後陶塗則是北方國名也本國出馬因以爲名今書本陶字有作騊者流俗所改○宋祁曰番音蘇林音潘注文馬字上當有此字 東南

一尉 孟康曰會稽東部都尉也 西北一候 孟康曰敦煌玉門關候也 徽以糾墨製以質鈇 師古曰言有罪者則係於徽墨尤惡者則斬以鈇質也徽糾墨皆繩也質鍖也鈇莝刃也音膚鍖音竹林反○蕭該音義曰徽舊作

也梁益之間瞋目曰矔音光旦反 遐萌爲之不安中國蒙被其難 師古曰遐遠也 於是聖武勃怒爰整其旅迺命驃衛 師古曰驃驃騎霍去病衛衛青也○宋祁曰驃越本及諸本並作票

汾沄沸渭雲合電發 師古曰汾沄沸渭眾羣皃汾音紛沄音云 猋騰波流機駭蓬軼 師古曰猋疾風也騰舉也蓬與蜂同軼過也如機之駭如蓬之過言其疾也軼與逸同 疾如奔星擊如震霆

師古曰霆雷之急者霆音廷 砰轒輼破穹廬 應劭曰轒輼匈奴車也師古曰穹廬氈帳也轒音扶云反輼音於云反○宋祁曰研字當作砰字 腦沙幕髓余吾 師古曰腦塗沙幕地髓入余吾水言其大破死亡髓古髓字

遂獵乎王廷 孟康曰匈奴王廷也○宋祁曰姚本無乎字 敺橐它燒熐蠡 張晏曰熐蠡乾酪也以爲酪母燒之壞其養生之具也師古曰熐音覓蠡音黎又音來戈反 分剓單于磔裂屬國 師古曰剓與剺

同謂剺析也剺音力私反 夷阬谷拔鹵莽刊山石 師古曰鹵莽淺草之地也阬音口衡反莽音莫戶反 蹂屍輿厮係累老弱 師古曰言已死則蹂踐其屍破傷者則輿之而行也厮破折也音斯累音力追反○劉奉

世曰輿輿隸厮厮卒也 兗鋋瘢耆金鏃淫夷者數十萬人 如淳曰兗括也孟康曰瘢耆馬脊創瘢處也蘇林曰以耆字爲著字著音憤之著鏃著其頭也師古曰鋋鐵矜小矛也淫夷過傷也據如孟氏之說則箭括及鋋所

中皆有創瘢於耆而被金鏃過傷者復衆也如蘇氏以耆字爲著字依其所釋則括及鋋所傷皆有瘢又著金鏃於頭上而過傷者亦多矣用字既別分句不同據今書本多作耆字宜從孟說鋋音蟬又音廷著音竹略反矜音巨巾反○臣佖曰按字書無兗

字今俗以爲兗州字本作沇此兗鋋合作鈗鋋許慎說文鈗字注曰侍臣所執兵從金允聲周書曰一人冕執鈗讀若允與鋋字相尤又案今文尚書云一人冕執銳孔安國傳云銳矛屬也疑孔安國之時舊是鈗字後傳寫作銳耳說文銳芒也亦與矛不類

矣漢書相承疑誤書爲兗字如淳注釋乃云兗括也顏師古又依孟康所說爲箭括卽愈無所據且箭括非矛豈與鋋小矛同可以傷夷人乎此兗字故合作鈗宋祁曰南本亦云憤之著字以意求之當云耆音著憤之著此最爲允憤作憒添一著字 皆

下摩
侯謼　師古曰謼字與呼同
毒尼
以匈奴王降侯封七百戶
六月乙亥封九年薨
元鼎五年煬侯伊即軒嗣
師古曰軒音居言反
侯冠支嗣神爵三年詔居弋居山坐將家屬闌入惡師居免
師古曰惡師地名有官所置居室

帝取單于無何地將無何人以防
以仁中國也

第

六年有司言淮南王長廢先帝法不聽天子詔居處毋度出入擬於天子擅爲法令與棘蒲侯太子奇謀反遣人使閩越及匈奴發其兵欲以危宗廟社稷羣臣議皆曰長當棄市帝不忍致法於王赦其罪廢勿王羣臣請處王蜀嚴道邛都【集解】徐廣曰漢書本或作邛字或直云邛僰邛都乃本身西南夷爾時未通嚴道有邛僰山【正義】邛其恭反括地志云嚴道今爲縣即邛州所理縣也縣有蠻夷曰道故曰嚴道邛都縣本邛都國漢爲縣今嶲州也西南夷傳云滇池以北君長以十數邛都最大是也按漢書說處淮南王于蜀之嚴道不言遷邛都西有邛僰山也又云邛僰山在雅州榮經縣界榮經武德年間置本秦嚴道地華陽國志云邛僰山故邛人莋人界也山巖阻峻曲回九折乃至上下有凝冰按即王尊登者也今從九折西南行至嶲州山多雨少晴俗呼名爲漏天帝許之長未到處所行病死上憐之後十六年追尊淮南王長謚爲厲王立其子三人爲淮南王【索隱】名安阜陵侯也衡山王【索隱】名勃安陽侯也廬江王【索隱】名賜周陽侯也

史記孝文紀

の裔

裔人祭天　中國民族史204　跳神205

裔州民族　ノ大姓　北蒙古姓　高麗姓　漢姓

以名首一字稱為姓然 205 206

裔州現在之通古斯族　清初以の方對208　其居地

209—217　索倫210 212　索倫義の村人

鄂倫春與野戶于樹211　語言之の不像書那使廢

部也

匈奴劉猛之叛 晉書武紀泰始七、八年 杜預（3429上）胡奮傳（1073上）

北胡北敗，武紀咸寧二

匈奴歸化 武紀咸寧三、五

郝散之叛 惠紀元康四

左賢王劉衛辰右賢王青叛 海西公紀苻堅載記 即位後記（1630）

宋書索虜傳述夏之緣起（九五・五上）

晋書武帝紀咸寧五年三月匈奴都督拔弈虛
帥部落歸化 十月匈奴餘渠都督獨
雍等帥部落歸化

錢幣

魏書（八三上）2上 又（五）6下

赫連氏改姓杜後姓赫連
見北史卷六十五 三下
陽雍高氏
北史宿石傳弟之子猗見卷廿五 五上

大沮渠

北史大沮渠蒙遜傳 匈奴有左沮渠右
蒙遜之先為此職 羌之酋豪曰大故以官
為氏以大冠之世居盧水為酋豪

拔也稽

魏書蠕々傳　其西北有匈奴餘種國尤富彊部帥曰拔也稽舉兵擊社崘々逆戰于頞根河大破之後盡為社崘所并——號為彊盛

北史

北齊書 万俟普字普撥，太平人，其先匈奴之别種也。……正光中，破六韓拔陵構逆，授普太尉，率部下降魏。

（初呼厨泉入朝漢，為魏武所留，遣其叔父右賢王去卑監本國戶。魏氏方興，率部南轉，去卑遣子）

破六韓常，……匈奴單于之裔也。右谷蠡王潘六奚沒於魏，（率軍北禦，軍敗，奚及五子俱）其子孫以潘六奚為氏，後人訛誤以為破六韓。世領部落。其父孔雀……（背其）宗人拔陵為亂，以孔雀為大都督、司徒、平南王。孔雀率部一萬人降於尒朱榮。

（遂）

汶山胡

晋書西川去白肯白祥「武帝泰始八年

〻〻益州刺史皇甫晏伐汶山胡」（廿八十二）

素此蓋羌胡國雜

瀘水胡王

宋書符瑞志「晉武帝泰始八年十月瀘水胡王彭護獻嘉禾」（29）

拓藏殘本內收所異
晉書此執傳，於是六例拓藏殘本均收所
尊如面告至其兩兩至也順頌[illegible]時名[illegible]
[illegible]代

匈奴服匿

齊書（南史）陸澄傳：竟陵王子良得古器，小口方腹而底平，可將（容）七八升。以問澄，澄曰：此名服匿，單于以與蘇武。子良後詳視器底，有字髣髴可識，如澄所言。

乞齋雨霽如晤

前有寄去載託呂隆附下聞滬穀價踴貴

斗[redacted]值錢五千文人相食附見此路

萬只賊門盡閉推采路絕百粒請出

賊也為弟廣扣擇此間亦數百已書此等

弟廣蓋多年業不與漢人同其舒慘也否

冉閔殺石遵及諸胡十萬餘人

晉書天文志月奄犯五緯(19)月五星犯列舍作十餘萬人(同上)妖星客星(

[redacted](同上)宋書天文志亦作十餘萬人(24下)

書載記冉閔誅除胡羯其子單于胤閔殺

見本傳(又十一上)

匈奴單于悦慕容儁(110上)

苻堅結自如左閣重近(9上)

羯語

晉書藝術傳佛圖澄「……曜自攻洛陽勒將救之……以訪澄澄曰相輪鈴音云秀支替戾岡僕谷劬禿當此羯語也秀支軍也替戾岡出也僕谷劉曜胡位也劬禿捉也此言軍出捉得曜也」

高車匈奴悦般語

魏書悦般傳其風俗言語與高車同

高車傳其語略與匈奴同而時有小異

世講[redacted]々々沖道西域大以悦服開鼓舞設亍

學署

魏方樂志

丁零

三國魏志武帝紀建安十八年策命為魏公有「鮮卑丁零重譯而至」語

明帝紀太和五年四月鮮卑附義王軻比能率其種人及丁零大人兒禪詣幽州貢名馬

張既傳酒泉蘇衡反與羌豪鄰戴及丁令胡萬餘騎攻邊縣既與夏侯儒擊破之衡及鄰戴等皆降

烏丸

晉書惠帝紀永興元年八月王浚遣烏丸（劉元海載記：王浚使祁弘率鮮卑陷鄴）騎攻成都王穎於鄴大敗之（時穎與烏丸單于審登謀浚，審登反助浚（39・2下））又見穎傳（五九・十三下）

衛瓘傳除征北大將軍都督幽州諸軍事幽州刺史護烏丸校尉　武帝時唐彬亦嘗為之　見本傳（永寧元年（104下8上））　以王浚為之　見本傳（三九・二下）

石勒載記（〇二・六下）祁威浚以密遣烏丸審廣漸裳郝襲靳市等于襄國　因不從

劉琨傳在并州時雁門烏丸反　見本傳（六二・二上）　郭平原子

丸展廣劉哆等部落三萬餘戶于襄國

烏丸獨孤降堅見堅載記（165下）滅燕乃徙烏丸馮翊北地（165下）

慕容農要叛苻堅引丁零烏丸之衆二十餘萬攻烏丸府移代郡（123上）

鄴城見堅載記（114下）

慕容奇與丁零嚴生烏丸王龍之叛慕容盛見盛載記（124下）

慕容德使慕容鍾寇青州鍾傳檄曰「撫以不才忝荷先驅都督元戎一十二萬皆烏丸突騎三河猛士」見德載記（127下）

烏丸伏利度亦衆二千壁于樂平元海屢招不能致勒僞獲罪於元海奔伏利度執之率其部衆歸元海元海加勒督山東征討諸軍事以伏利度衆配之（勒載記104上）

鳥丸

（穗書）（一）2下3上4下（三）2上5上1-6上（四）1下（九の）1下（一一三）1上

周書王德傳錫姓烏丸氏 魏孝武西遷從

梁士彥傳與烏丸軌禽陳將吳明徹於呂梁

王軌傳漢司徒允之後 累葉仕魏賜姓烏丸氏

晉武帝泰始九年鮮卑寇廣寧、咸寧元二年為
西域戊己校尉馬循所破 太康二年寇遼西晉
見本紀 唐彬監幽州諸軍護烏丸校尉鮮卑
大莫廆等遣子入貢諸種畏懼大莫廆被殺
見本傳（[illegible]42）
張軌討破鮮卑見本傳 86·一[illegible]
鄧艾使鮮卑數萬散在人間見傅玄傳 47[illegible]

晉書宣帝紀 魏正始元年正月……弱水以南鮮卑名王……遣使來獻」

晉時多用鮮卑之衆

東海王越使祁弘迎惠帝，弘所部鮮卑大掠（紀光熙元）

刺嬴公騰與王浚討成都王穎，穎使王斌拒戰，浚以鮮卑破之。騰傳（三七）

浚討穎，更鄴，與段務勿塵。浚傳

越迎帝，及以率鮮卑許扶歷、車次宿歸等。本傳（五九·一五下）

李矩領河東太守劉琨所假河内太守郭默爲劉元海所逼請降于矩矩使迎之不敢進會琨遣參軍張肇率鮮卑范勝五百餘騎往長安屬默被圍道路不通將還依邵續矩因屬肇舊鮮卑遂進避肇爲殿援賊望見鮮卑不戰而走 矩傳（卷六十三）

邵續傳勒圍續文鴦救之 勒素畏鮮卑及聞文鴦至乃棄攻具東走 續傳（卷六十三）

王浚之領幽冀，惟段氏是恃。永嘉三年四年嘗藉其力再却石勒（見本傳）。疾六眷之攻勒，勒之瀕危（見懷紀），急以末杯侍勇被獲，乃結盟而退，自此始貳於浚。而浚以苛暴誅將，驕虐民多，叛入鮮卑，畏疾六眷之逼，携拓跋氏以攻之，不勝，乃因此而受石勒之詐。劉琨始倚拓跋，終依匹磾，結盟去次勒亦甚懼，以末波始終貳於勒，因族相率勸，乃獲乘之耳。以氣類論，是時匈奴實非鮮卑敵也（參看[redacted]一〇五九下）

段匹磾傳見六十三 部續同 劉琨傳在卷六十二 盧諶傳在四十四

務勿塵封遼西王（太康二） 匹磾與琨勸進（建武元） 匹磾害琨（太興元） 匹磾沒於勒（太興四） 段遼敗奔平岡（咸康四）

段龕（十二、升平元） 穆帝永和七 以上皆見紀 石季龍以遼見載記（百六、三下） 又見百十載

劉元海載記 騰浚伐穎 元海說穎還說五部以赴國難 穎曰 王浚之眾保可輕否 從附之鮮卑烏丸勁速如風雲 何易可當邪

段龕見慕容儁載記（110）

段末波送皇帝璽

匹磾陷於石勒

皆在晋元帝大興四年見紀

末柸殺鮮卑單于

見石勒載記（104）10上

段氏与慕容氏之事

見（109）1上—2下 5下6上（110）1下2上

段匹磾兄弟

見魏書九六・三上

段就六眷傳見一百三

周書庫狄峙其先遼東人本姓段氏匹磾之後也因避難改焉

又段永字永賓其先遼西石城人晉幽州刺史匹磾之後也

慕容二氏

二寇呂纂

武帝太康三討伐之 七寇遼東十降 皆見紀

豆盧氏本慕容氏支庶

周書十九・三上　北史六八・一上　隋書三十九・五上

慕容氏後興氏

北史九三・九上

增

武帝咸寧元年力微遣子來獻見紀

衛瓘離間務桓力微以憂死見本傳(36 21上)

瓘討力微見武紀咸寧三

宋書索虜傳「其先漢將李陵後也陵降匈奴有數百千種各立名號索頭亦其一也」

又 前……匈奴別種

案此傳述燾與太祖書「彼年已五十未嘗出户雖自力而來如三歲嬰兒復何知於鮮卑常馬背中領上生活」彼國自稱鮮卑矣

齊書魏虜傳魏虜匈奴種也 猗盧入居代郡……孫什翼犍……以還陰山為單于領匈奴諸部

鍾山

宋書索虜傳元嘉十九年虜移書徐州云「北暨鍾山蒙國納貢」

禿髮思復鞬

晉書呂光載記 初苻堅之敗 張天錫南奔 其世子大豫爲長水校尉王穆所匿 及堅還長安 穆以大豫奔禿髮思復鞬思復鞬送之魏安

○齊書魏虜傳宏從都洛陽改姓元氏初匈奴女名托跋妻李陵胡俗以母名為姓故虜為李陵之後虜甚諱之有言其是陵後者輒見殺至是乃改姓焉

拓跋

隋書吐谷渾傳開皇八年其名王木彌請以千餘家歸化

党項傳開皇五年拓跋寧叢等率衆內附

此羌中之拓跋特實先驗也

（一）始祖神元力微 — 文帝沙漠汗

（二）章帝悉鹿

（三）平帝綽

（五）昭帝祿官

文帝沙漠汗 —

（五之二）桓帝猗㐌 — 普根

（五之三）（六）穆帝猗盧

（四）思帝弗 — （七）平文帝鬱律

（八）惠帝賀傉

（九）煬帝紇那

（十）烈帝翳槐

（十一）昭成帝什翼犍 — 獻明太子寔 — （十二）道武帝珪

神元并沒鹿回部

六見人神元后傳（13下）

平文被弑昭成第五兄

見平文后傳（13下）

平文后阻昭成城郭而居

同上

苻洛來攻高車鈔掠

劉顯謀害太祖

太祖奔賀蘭部　賀染干謀害太祖

獻明后傳（13 2上）　劉庫仁　眷　顯　傳（23 2上）　燕鳳傳（24 11上）　又（42 3上）

（廿七）11下　（卅八）二下　二上）　二上（四）11上　（卅三上）11下

太祖奔賀蘭部　招集舊部得三百家

神元平文諸帝子孫傳（14上）

六脩之變

同上（14 2上）

昭成之立　昭成見弒

同上（14 2下）大（17上）

太祖極參合之誅

同上（14 1下）

劉顯納窟咄

（十五）8上　（廿七）1上

太祖滅劉顯

許謙傳（24 2下）

太祖之立

長孫嵩傳（25 1上）

索虏之法

宋书沈攸之传（齐纪五）撒數攸之罪，鞭挞国士，全用虏法。一人逃亡，阖宗补代。（上传作云：为政刻暴，或鞭士大夫，上佐以下，有忤意，辄面加詈辱。）

将吏一人亡叛，同籍符伍充代者十余人。

索虜羣下稱奴

宋書魯爽傳「虜羣下於其主稱奴猶中國稱臣也」

魏初樂操土風

隨書（十四）正

魏孝文帝傳

北史（三）十一下 十二下（五）八上（十五）〡〤下 〦上 〡〢下（十八）〣上（十九）〡〤下 〢上 〢上 〡〢上（廿）〤下（廿二）〢上（崔浩諸崔傳）（廿三）〡〤下

（卅五）〡〤下（卅六）〢〤下 〦上（卅九）〣〤下（卅四）〤上（四三）〢上（四〇）〨上下

隨書四二〡〢上

六鎮之轄

（十六）〡〤下（卅七）〡〦上（卅八）〩下

北齊誅劉元氏

北史卷七・上下

齊神武用六鎮之人

隨書食貨志……六鎮擾亂，相率內徙，寓食於齊晉之郊，齊神武因之以成大業

齋文吾兄：鮮卑　中國華人

隨方會集焉。文宣受禪，多所創革，六坊之內，徙

者更加簡練，每一人必當百人，任其臨陣必死，

然後取之，謂之百保鮮卑。又簡華人之勇力絕倫

者，謂之勇士，以備邊要。

莫那

隋書禮儀志：周圜丘……以炎帝神農氏配昊天上帝……南郊以始祖獻侯莫那配所感帝靈威仰……北郊方丘……以神農配后地之祇，神州則以獻侯莫那配焉。

慕容皝敗宇文[redacted]歸〻奔漠北

康帝建元二年見紀

宇文氏與慕容氏之爭

見晉書慕容氏載記(108)1上 4下 4上 7下 9下 (109)1上 7下 4上

宇文氏出南單于遠屬

魏書宇文福傳(44 6下)北史卷九 宇文忠之傳(81 2下)北史五十八下

「本傳云其先南單于遠屬也」「其語與鮮卑頗異人皆翦髮而留其頂上以為首飾長過數寸則截短之」

宇文氏見周書卷一頁一至八 北史逸作俟歸 宜周書作侯 並誤

北史宇文貴　其先昌黎大棘人也徙居夏州
貴善騎射有將帥才周文帝以宗室甚親
委之
弟忻　忻弟愷　隋文帝……踐阼誅諸宇文氏愷
亦見殺以與周本別又兄忻有功得見赦
又宇文瓛　河南洛陽人也其先與周同出
又李密傳　其化及隔水語密數之曰卿本匈奴皂
隸破野頭耳　隋書宇文述傳　代郡武川人也本姓破
野頭役屬鮮卑俟豆歸後從
其主為宇文氏

乞伏

北史乞伏慧馬邑鮮卑人也祖周〻〻父纂

〻〻〻並爲第一領人酋長隨书曰

[redacted]

鮮卑

宋書武帝紀禦盧循時，使寧朔將軍索邈領鮮卑具裝虎班突騎千餘匹，皆被練五色，自淮北至於新亭，賊並聚觀，咸畏憚之。命參軍諸葛叔度、朱齡石率勁勇千餘人過淮擊賊，數千皆長刀矛鋋，精甲耀日，奮躍爭進。齡石所領多鮮卑，善步矟，並結陣以待之，賊短兵弗能抗，死傷者數百人，乃退走。

又劉敬宣傳盧循逼邑命敬宣分領鮮卑虎班突騎置陣甚整循等望而畏之南史同

又朱齡石傳盧循至石頭領中軍循選敢死之士數千人上南岸高祖遣齡石領鮮卑步矟過淮擊之率厲將士皆殊死戰殺數百人賊乃退

周时鲜卑

周书（卌）6上（引）北

北史鲜卑

北史（六〇）北（九三）北

賀蘭

晉書慕容儁載記「塞北七國賀蘭涉勤等皆降」

魏書國名部名 見紀ハ 一見高車傳内又有吐突隣 俟呂隣 破多蘭 越勤倍尼

解如（三）2上

吐奴（三）2下

紇奚（三）2下 4下（卅九）2上（四四）3下 北史（廿五）4下

紇突隣（三）2下 4下（卅七）3上（卅八）2上

黜弗（三）2下 8下（十五）6上

素古延（三）8下 9上

薛干（三）7上

俟呂鄰（三）7上

類拔（三）7上 頞拔（三）2上

庫狄（三）7上（廿三）3下（卅九）1上

宥連（三）7上（卅九）1上

侯莫陳（三）7上（卅九）1上 北史（六十）8下

多蘭（三）8下 破多蘭の

越勤（三）9上 9下（廿八）7上（卅五）1下（四）9上

尉遲（三）9下

費也頭（七上）2上（十一）7下

沒鹿回（三）2上

白部（三）2上 4上 8上（廿三）3下

末耐婁（三）7下

賀蘭（三）1下（三）1下 下 1の4下 見沒

浚哥（三）7下

獨孤（三）1上

護佛侯（三）1上

乙弗（三）11上 北史（九八）11下

破洛汗（九）9上 參匐旼

員闊（七上）5上6下

中尺（七下）2下

契齧（七下）4下

術大（七下）9下

疊伏羅（七上）5上6下（八）6上 8上（九）1上

地伏羅（九）2下3上（八）8上

阿伏至羅（八）7上

汗畔（八）7上

薄知（八）7下

磨豆羅阿曜社蘇

宊闍[redacted]（八）8上

伏羅（九）6上

比沙林（八）9上

佉越費實（四下）（九上）

久末陁久末羊（九）3下

舍摩（九）3下

不漢（九）6上

天部（十七）8上

賀蘭（十三）9上（十四）1上（廿三）2上下（十五）8上（十七）1下

北史（八）1上2上 姓史（六）1上

（六）7下

吐沒骨（四三）1下

背野頭

魏書（七五）下

費也頭

北齊書（二）上（三）上下　北史（五）上下（九）下（四八）上（四九）上

屋引

北史七十二，七上　隋書五十二，五下

魏書世祖紀太平真君十年七月（浮圖沙國）遣使貢獻。十有一月龜茲疏勒破洛那（員闊）諸國各遣使朝獻。

粟提婆

魏書高祖紀太和元年閏月癸亥粟提婆國遣使朝獻

（傉達沙獵）

魏書高宗紀（三六國）興安元年十二月（傉達沙獵）國各遣使朝獻

興光元年十二月（出于比萬單國）各遣使朝獻

和平三年三月高麗（蓰王）契嘯思厭於師（疏勒）（石那）悉居半渴槃陁諸國各遣使朝獻 六年高麗蓰王芻旻

顯祖紀獻文天安元年三月高麗波斯于闐（阿襲）諸國各遣使朝獻 冬十月（曹利）都豆國各遣使朝獻 高祖紀延興四年

三月高麗吐谷渾曹利波斯國各遣使朝貢

高祖妹代姫興の年六月〔闕惠〕國遣使杣貢

秀容胡帥

魏書天象志天興□年三月甲子月在嵐占曰有賊臣

五年十月秀容胡帥爭平東太守刘曜聚眾

為盜遣騎誅之

侯景祖名乙羽周父名標

見南史景傳 八十・九

周書北方諸氏

賀、拔（十四）1上（北史四九）5下

獨孤（十六）1下

侯莫陳（十六）1下

紇豆陵（十七）1上（四四）上（北史四九）上

若干（十七）1下（北史六五）2上

默台（十七）2上 此字邊西人似附會墨胎

吐萬 北史（七八）4上

豆盧（十九）3上

賀蘭（廿）2上

叱列伏（廿）4上 叱利（六二）8下 北史（四九）1下

尉遲（廿一）1上（北史六二）1下

達奚 北史（四七）5上

莫胡 北史（四九）1下

賀若 北史（六八）6上

普乃 北史（七三）7下 隋書（五五）3上

伊婁 北史（七五）4上 隋書（五四）2上

楊氏出于武川

周書楊忠傳高祖元壽魏初爲武川鎮司馬因家於神武樹頹焉

此與隋本紀同

「秦人呼鮮卑爲白虜」

苻堅載記 114 9下

稱白慕容冲服位之「西人呼徒何爲白虜」是知

一字加載說稱出見帅白虜非指慕容氏族遑

猶鮮卑　又有黑賊陛大單于「眩不

周書竇熾傳平又之言使白虜敢至于此耶

爲慕容所攻

晋書明帝紀 太寧二年，微行至湖陰，察王敦營壘而出。有軍士疑帝非常人。又敦正晝寢，夢日環其城，驚起曰：此必黄鬚鮮卑奴來也。帝母荀氏，燕代人，帝狀類外氏，鬚黄，故敦謂帝云。

晉書良吏傳　喬智明字元達鮮卑前部人也

「後書鮮卑傳」：和帝永元中，大將軍竇憲遣右校尉耿夔擊破匈奴，北單于逃走，鮮卑因此轉徙據其地。匈奴餘種留者尚有十餘萬落，皆自號鮮卑，鮮卑由此漸盛。此戰視陳湯之役，[illegible]烏桓校尉[illegible]將章和元年鮮卑[illegible]鮮卑[illegible]鮮卑[illegible]三萬餘落諸[illegible]匈奴及[illegible]及[illegible]世[illegible]十餘萬落[illegible]鮮卑之

四裔（北）一　札一

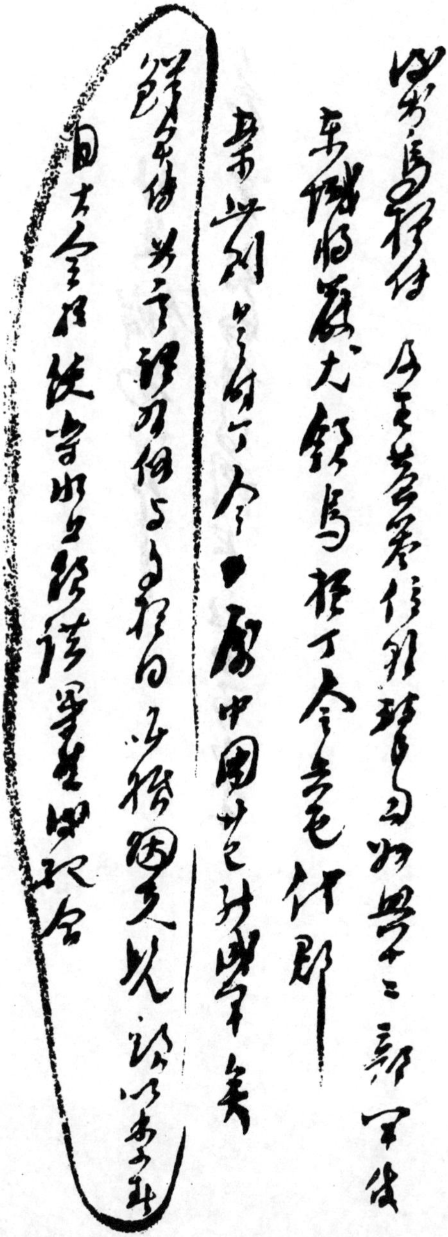

四裔

酈道元改廣漢爲廣魏猶崔浩之以馮代彊

此種注例

柔然~~陸~~斛律寄在馮跋，以爲前古但所遷奔跋

見載記（125・8上9上）

芮芮　宋書附索虜傳

宋文帝元嘉十九　孝武大明七　明帝泰始三　の　七　此年兩次

泰豫元　明廢帝　明廢帝元徽二　順帝昇明二　均

遣使獻方物　見宋書本紀

張邵傳　元嘉五年　領雍州刺史　虜寇蜂起　子敷

至襄陽定省　當還　虜寇　仍別取之　會蠕蠕國遣

使朝貢　賊以為敷　遂執之

索虜傳：元嘉廿七年燾遺太祖書：「彼往日北通蠕蠕，西結赫連、蒙遜、吐谷渾，東連馮弘、高麗，凡此數國，我皆滅之。以此而觀，彼豈能獨立？芮芮吳提以死，其子菟害真襲其凶迹，以今年二月復死。我今北征，先除有足之寇」云云。　是年大舉北討，下詔曰：「河朔秦雍，華戎表疏……並陳芮芮此年因其來掩，摧破醜黨，虜庭殘落，畜牧所亡大半，連歲相持，于今未解。又猜虐互發，親黨誅殘，根本危敝，自相殘殄。芮芮間使適至，所說並符。燾之殘稔，識數終為

悰角云：

又且渠芾蒙遜傳：景平元年，有芮芮來抄蒙遜，遣（世子）正德拒之，正德輕騎進戰，軍敗見殺，乃以次子興國為世子。又元嘉十九年，無諱據鄯善。初，唐契（茂虔晉昌太守，女為正德□夫人）自晉昌奔伊吾，是年攻高昌，高昌城主闞爽告急，無諱遣從子豐周守鄯善，自將家戶赴之，未至，而芮芮遣軍救高昌，殺唐契，部曲奔無諱，無諱遣將衛興奴詐誘高昌，爽奔芮芮，無諱復據高昌。

益州通芮芮

齊書州郡志益州「西通芮芮河南亦如漢武威張掖爲西域之道也」

又河南傳建元二年遣王世武往並往芮芮永明二年遣丘冠先往使並送芮芮之使

又芮芮傳芮芮常由河南道而抵益州

麟方苻〻傳達之[redacted]時上年三年、獻師子皮袴褶
皮如虎皮色白毛短時白賈胡在蜀見
之云此非師子皮乃扶拔皮也
右見後漢書西域傳安息　章和元年遣使獻師
子及符拔　符拔形似麟而無角

當附芮芮

天監十五　大通二　中大通元　大同七　皆使獻

方物見紀

蠕蠕

魏書世祖帝（太武）紀太平真君九年六月丁卯悦般國遣使求與王師俱討蠕蠕帝許之

孺孺

（魏書）（三）2下3下9上10上（三）1下3上6上（四上）3上4下7上9下（十下）1上2上3上4下5上7下

（五上）3下5下（七上）[redacted]1下1下5下7下1下8上10上（十下）1上1下2下4下（十八）2上

6上7上（九上）1下3下5上1 6下8上8下9上1下10上（十上）2上（十二）5下6下（十三）3上4上1 5下6上

（十六上）4上（十五上）1上（廿四）2下4下（廿七）1下2上1上下2上3下4下考（廿八）2下（卅八）

3下4上（四）3上5下9下（四二）6上（四三）6上（四十四）5下6上8下（四九）1上（四十五）5下

（四二）4下（四三）2上（四四）8上9上（四八）8下（五八）1上4上9下（六九）8上（七二）1上（七四）

2上（七八）8上（八三）4上（八七上）7上（八五）1上（九九）7上8下（一〇五之二）5上（一〇三）8上下

北史（卅）十下 孺孺枝文帝后（十三）10上

魏书吐谷浑传「兴和中……孝昌……遣使人……假道
蠕蠕频来」
蠕蠕诳沮渠牧犍及西域设伐魏师　西域传序（一〇二·十下）
西域传显祖末蠕蠕寇于阗「于阗患之遣使素目伽上
表曰西方诸国今皆已属蠕蠕奴世奉大国今蠕蠕军
马到城下奴聚兵自固故遣使奉献延望救援
又焉耆国居员渠城……其国数为蠕蠕所侵西从
葱岭山中

悦般与蠕蠕相攻　真君九年求与魏同討蠕蠕（一〇二・五上）

大月氏國都盧監氏城……北与蠕蠕接數為所侵

遂西徙都薄羅城

嚈噠嚈噠寄皆婆羅門拂林（102・7上）

四裔北

小湟中　小月氏地

出經日水注　二・四六

四商廿

臨濟故林

六

如理住之、異[illegible]

四裔北

諸村袁同縣以劉虎父諸村震舊名

求證何邪　注三〇九

四裔

濮水在固安西濮邪水

水經聖水注〡〢卷 又濕水注〡〣卷

四裔

李剛墓刻以烏檀為道騈

水經注八·共六

商北

蒙恬閣稿中

此種目此凡二〇四十五　又三葉廿二

四裔

安敦

今譯為安敦勒斯 中國近代史 上卷卅二頁

四裔

燕州乃隋遼西郡

路史國名紀一燕郡乃隋遼西郡以處諸部内

附事[redacted]詳隋北蕃風俗記 卷二頁廿六

四裔

農業在蒙古、極爲少見、即有、而其耕作播種等、亦完全是十分原始的方法、農業最盛的地方、爲北部西伯利亞國境附近·庫倫附近·鄂爾渾河·哈拉河·色楞格河·等等的流域·及科布多一帶、生產限於大麥·小麥·稞麥·豆類、耕作地合計四萬三千公頃、其中中國本部人民的耕作地、占三萬九千公頃、因此蘇俄政府十分獎勵該地的農業生產、

卅の十二